Lina Dietrich

Erfolgsbausteine Latein

Lina Dietrich

Erfolgsbausteine Latein

Endlich richtig übersetzen!

Bibliografische Information der Deutschen Nationalbibliothek
Die Deutsche Nationalbibliothek verzeichnet diese Publikation in der Deutschen Nationalbibliografie; detaillierte bibliografische Daten sind im Internet über http://dnb.d-nb.de abrufbar.

Lina Dietrich
Erfolgsbausteine Latein
Endlich richtig übersetzen!

Berlin: Pro BUSINESS 2015

ISBN 978-3-86460-272-6

1. Auflage 2015

Produktion und Herstellung: Pro BUSINESS GmbH
Gedruckt auf alterungsbeständigem Papier
Printed in Germany
www.book-on-demand.de

Inhaltsverzeichnis

Warum dieses Buch?

Latein bereitet vielen Schülern Schwierigkeiten. Kein Wunder – schließlich ist eine Fülle von grammatischen Phänomenen zu überblicken. Doch das Lernen der Formen ist oft nicht das eigentliche Problem, sondern die **Übersetzung** lateinischer Texte.

Zu den Lehrbüchern ist oft eine Grammatik erhältlich, ebenso wie ein Vokabelverzeichnis. Doch selbst wer die zahlreichen Endungen für Konjugationen und Deklinationen aufsagen kann, tut sich mit den Übersetzungstexten mitunter schwer.

Was nämlich häufig – sowohl in den Lehrbüchern als auch im Unterricht – zu kurz kommt, ist das **Erlernen der richtigen Übersetzungstechnik**. Dabei gewinnt die Übersetzung als solche mit den Lernjahren zunehmend an Bedeutung, bis die Übersetzung inklusive Interpretation (die ja nur richtig sein kann, wenn der Text richtig übersetzt wurde) die gesamte Klausur ausmacht.

Diese Lücke soll das vorliegende Buch schließen. Es vernetzt die Theorie der Grammatik mit der Umsetzung bei der Übersetzung eines Textes.

Aus diesem Grund unterscheidet sich dieses Buch auch im Aufbau von den meisten Standardlehrwerken des Schulunterrichts. Eine Lektion beginnt nicht mit dem Übersetzungstext, sondern endet mit diesem. Erklärungen zur Grammatik und Übungen an einzelnen Wortblöcken und Sätzen bereiten systematisch auf die Übersetzung des Textes vor.

Besonderer Wert wird dabei darauf gelegt, die Arbeit mit diesem Buch aktiv zu gestalten und den Erfolg für die Lernenden selbst überprüfbar zu machen. In vielen kleinen Schritten mit zahlreichen Übungen wird das nötige Handwerkszeug zur Übersetzung erarbeitet.

Dieses Buch richtet sich an Schülerinnen und Schüler, die Schwierigkeiten mit der Übersetzung lateinischer Texte haben. Es soll ihnen helfen, eine Übersetzungstechnik zu erlernen und die Regeln der Grammatik beim Übersetzen anzuwenden. Das Buch kann ab dem ersten Lernjahr eingesetzt werden. Es empfiehlt sich aber ebenso für Lernende, die sich schon länger mit der lateinischen Sprache beschäftigen. Sie finden hier ein System, mit dem sie auch kompliziertere Texte erfolgreich bewältigen können.

Aufbau des Buches und wie man damit arbeitet

Dieses Buch beschreibt,

- was du schon vor der Übersetzung tun kannst.
- wie du die eigentliche Übersetzung systematisch durchführst.
- wie du dein Ergebnis nach der Übersetzung kontrollieren und noch verbessern kannst.

Die einzelnen Schritte der Übersetzung sind die Bausteine.

Die Bausteine bauen vom Leichten zum Schweren aufeinander auf. Wenn du dich generell mit dem Übersetzen von lateinischen Texten schwertust, solltest du die Bausteine nacheinander durcharbeiten. So erlernst du eine Übersetzungsstrategie, mit der du auch schwierigere Texte bewältigen kannst.

Aber auch wenn du dich auf eine Klassenarbeit vorbereitest, kann dir dieses Buch schnelle Hilfe bieten. Bearbeite dann den entsprechenden Baustein zum Thema der Klassenarbeit.

Erkennen – Bestimmen – Übersetzen

Bei den einzelnen Bausteinen lernst du,

- wie du das entsprechende Problem erkennst.
- welche Besonderheiten du bestimmen kannst.
- wie du diesen Satzbestandteil bzw. diese Konstruktion übersetzt.

Du kannst dich hier nicht nur mit den Texten und Beispielen informieren, sondern direkt selbst die Übungsaufgaben lösen, die in den Text eingebettet sind. Damit bist du gut vorbereitet für einen ganzen Übersetzungstext. Erst am Ende jedes Bausteins findest du ein komplettes Übersetzungstück zum jeweiligen Schwerpunktthema (ab Baustein 3). Diese Texte sind so vielseitig wie im Schulunterricht auch; Erzählungen, Fabeln, Dialoge und Briefe – teilweise angelehnt an Originaltexte lateinischer Autoren wie Cicero und Caesar – bieten dir die Möglichkeit zum Üben.

Der Lösungsteil am Ende des Buches enthält die Lösungen zu den Übungen und Musterübersetzungen der Texte. Hier findest du außerdem ein Glossar, in dem die wichtigsten Fachbegriffe erklärt werden.

Um einen lateinischen Text richtig übersetzen zu können, musst du natürlich die Bedeutung der Vokabeln kennen und die Wortformen richtig bestimmen können. Wiederhole daher regelmäßig Vokabeln und Grammatik!

In diesem Buch findest du unter den Übersetzungstexten und unter manchen Übungen Vokabelangaben, die dir bei der Übersetzung helfen.

Leitfaden zum Übersetzen

Jeder Text ist anders. Schon von Satz zu Satz gibt es Unterschiede. Es gibt aber sehr wohl einige Anhaltspunkte, die dir immer helfen.

1) Vor dem Übersetzen

Mit einer guten Vorbereitung kannst du dir die Übersetzungsarbeit erleichtern.

Versuche daher, so viel wie möglich über die Handlung des Textes in Erfahrung zu bringen. Dabei helfen dir

- gegebene Informationen, wie deutsche Texte oder Bilder
- Informationen, die du dir selbst besorgst
- die Überschrift des Textes und die Textform (Brief, Gedicht, ...)
- im Text vorkommende Eigennamen und Schlüsselvokabeln

2) Die eigentliche Arbeit mit dem Text

Bearbeite den Text Satz für Satz. Dabei solltest du

- den Satz aufmerksam lesen
- den Satz strukturieren und den Hauptsatz herausarbeiten
- den Hauptsatz übersetzen:
  - zuerst die beiden Bestandteile, die jeder Satz enthalten muss
    - Prädikat
    - Subjekt
  - anschließend eventuell
    - Objekte
    - adverbiale Bestimmungen; Zeit- und Ortsangaben
    - satzwertige Konstruktionen
- ebenso eventuelle Nebensätze nach demselben Schema übersetzen

3) Nach dem Übersetzen

Hast du einen Satz übersetzt, dann prüfe noch einmal

- die Vollständigkeit (Sind alle Wörter übersetzt?)
- die Formen (Stimmen Numerus, Tempus, etc.?)
- die Sprache (Klingt der deutsche Satz gut?)
- die Vokabelbedeutung (Passt die Übersetzung in den Zusammenhang?)

Lies auch den ganzen Text noch einmal, wenn du mit der Übersetzung fertig bist, und beachte dabei den Zusammenhang.

Schritt 1:
Vor der Übersetzung

Schon beim ersten Blick auf den Text kannst du dir die Übersetzung erleichtern. Außerdem können dir weitere Informationen zum Text bei der Übersetzung helfen.

Die gegebenen Informationen nutzen

Lies dir alle Informationen, die zum Text gegeben sind, aufmerksam durch. Schau dir gegebenenfalls auch die Bilder zu diesem Text an. So kannst du dir einen ersten Überblick über die Situation verschaffen.

- Um welche Personen geht es?
- An welchem Ort und zu welcher Zeit findet die Handlung statt?
- Aus wessen Sicht ist die Geschichte erzählt?

Beachte: Manchmal steht ein deutscher Informationstext auch mitten im lateinischen Übersetzungsstück oder sogar ganz am Ende. Lies auch diesen Text, bevor du den ersten Teil übersetzt.

Zusätzliche Informationen beschaffen

Für die Hausaufgaben oder Klassenarbeiten, bei denen das Thema bekannt ist, kannst du dir auch noch weitere Informationen beschaffen. Hintergrundwissen hilft dir, die Handlung des Textes besser zu verstehen. Du kannst dazu Eigennamen von Personen oder Orten aus den Texten im Internet suchen oder im Lexikon nachschlagen. Es gibt zahlreiche Bücher, in denen die Sagen der Antike auf Deutsch aufgeschrieben sind. So bist du vorbereitet, wenn in der Mythologie ungewöhnliche Figuren vorkommen.

Häufig musst du gar keinen großen Aufwand betreiben, um zusätzliche Informationen zu bekommen. Blättere in deinem Schulbuch ein paar Seiten weiter, vielleicht findet sich dort ja ein Sachtext.

Tipp: Auch Texte, die du bereits übersetzt hast, können dir Informationen liefern. Wenn du einen Text nicht in einem übersetzt, lies dir immer das bereits Übersetzte durch, bevor du weiterarbeitest.

Die Textsorte und das Sachfeld überblicken

Wenn du einen ersten Blick auf den Text wirfst, kannst du meist leicht die Textsorte bestimmen. Die Überschrift und die äußere Form des Textes sowie die zum Text gegebenen Informationen verraten dir, welche Textsorte du vor dir hast.

Briefe

Einen Brief erkennst du leicht an der Anrede, zum Beispiel: *Plinius Calvisio salutem dicit.* Der Absender steht hier immer im Nominativ (*Plini**us***), der Empfänger im Dativ (*Calvisi**o***). Die Grußformel *salutem dicit* wird häufig einfach mit *s. d.* abgekürzt.

In einem Brief kommen nicht selten Verbformen der 1. und 2. Person vor. Außerdem werden oft Fragen und Imperative verwendet. In Briefen treten Zeiten der Vergangenheit, Gegenwart und Zukunft auf.

Bei Briefen helfen dir Kenntnisse über den Hintergrund des Briefwechsels besonders. Informiere dich also, wenn möglich, ob der Schreiber auf einen vorangegangenen Brief antwortet.

Dialoge

Dialoge sind gut an der äußeren Form zu erkennen. Mehrere Sprecher wechseln sich mit ihren Äußerungen ab. Die meisten Sätze sind recht kurz gehalten; kunstvolle Stilmittel werden kaum gebraucht. Die Aussagen beziehen sich häufig auf vorhergehende Aussagen der anderen Dialogteilnehmer. In einem Dialog werden Fragen gestellt und auch Imperative und Ausrufe sind typisch.

Erzählungen

In Erzählungen kommen sowohl einfache kurze Sätze als auch längere komplexe Sätze vor. Das lateinische Erzähltempus ist das Perfekt.

Stelle fest, aus wessen Sicht die Geschichte erzählt ist. Über einige bekannte Geschichten, zum Beispiel die Aeneas-Sage oder die Geschichte von Dädalus und Ikarus, kannst du dich gut informieren. So kannst du leicht überprüfen, ob deine Übersetzung richtig ist.

Fabeln

In einer Fabel besitzen Tiere menschliche Eigenschaften und können handeln wie Menschen. Die bekanntesten Autoren der Antike, die Fabeln geschrieben haben, sind Aesop und Phaedrus. Fabeln sind häufig in der 3. Person geschrieben.

Reden

Bevor eine Rede öffentlich vorgetragen wurde, hat der Redner sie in aller Regel bis ins Detail ausgearbeitet. In einer Rede findet man daher verschiedenste Konstruktionen und rhetorische Stilmittel. Der Redner spricht sein Publikum an und stellt rhetorische Fragen. Auch Ausrufe kommen oft in Reden vor.

Gedichte

Ein Gedicht erkennst du am äußeren Erscheinungsbild des Textes. Die einzelnen Verse stehen jeweils in einer Zeile. In Gedichten ist die Stellung der Wörter im Satz an das Metrum angepasst. Inhaltlich zusammenhängende Wortblöcke sind daher manchmal nicht direkt zu erkennen. Sätze können unvollständig sein und manchmal werden Wörter verändert, damit sie ins Metrum des Gedichtes passen. Deshalb ist die Übersetzung von Gedichten bereits sehr anspruchsvoll. In diesem Buch werden aus diesem Grund keine Gedichte übersetzt.

Das Sachfeld

Schon die Überschrift ist oft aufschlussreich, um herauszufinden, worum es in dem Text geht. Überfliege außerdem den gesamten Text und achte dabei schon einmal auf die Vokabeln. So kannst du herausfinden, um welches Thema es geht. Findest du beispielsweise mehrfach die Wörter *arena, pugnare* und *gladiator*, wird es in dem Text vermutlich um einen Gladiatorenkampf gehen.

Achte auch auf Eigennamen von Personen und Orten. Besonders wenn keine zusätzlichen Informationen zum Text gegeben sind, verschaffst du dir so einen ersten Überblick über die Handlung.

Schritt 2: Die eigentliche Arbeit mit dem Text

Bearbeite den Text Satz für Satz. Nutze bereits den Eindruck, den du beim ersten Lesen hast. Markiere Konstruktionen, die dir jetzt schon auffallen, zum Beispiel einen AcI. Achte auch auf Satzzeichen, die dir beim Strukturieren des Satzes helfen.

Arbeite zuerst den Hauptsatz heraus und übersetze ihn.

Erkenne, bestimme und übersetze die Bestandteile des Hauptsatzes.

- Prädikat und
- Subjekt

sind in jedem Satz enthalten. Deshalb solltest du mit diesen beiden Satzgliedern anfangen.

Danach sind die Bestandteile an der Reihe, die nicht zwingend in jedem Satz vorkommen. Hier kannst du die Reihenfolge, in der du sie bearbeitest, selbst wählen.

- Objekte
- adverbiale Bestimmungen; Zeit- und Ortsangaben
- satzwertige Konstruktionen

Anschließend werden die Nebensätze nach demselben Schema übersetzt.

Keine Sorge, wenn du einmal eine Vokabel nicht kennst. Statt jedes Wort direkt nachzuschlagen, solltest du zunächst so viele Satzbestandteile wie möglich übersetzen. Häufig ergibt sich die fehlende Vokabel dann aus dem Zusammenhang.

Bereitet dir ein Satz wirklich Schwierigkeiten, zum Beispiel weil dir die Bedeutung des Prädikats unbekannt ist, mache mit dem nächsten Satz weiter. Versuche später noch einmal, den schwierigen Satz zu übersetzen, indem du die Informationen aus den Sätzen davor und danach zu Hilfe nimmst.

Baustein 1: Das Prädikat

Ein vollständiger Satz besteht mindestens aus Subjekt und Prädikat. Das Prädikat enthält die Satzaussage (Was geschieht?). Das Subjekt gibt den Satzgegenstand an (Wer oder was tut etwas?).

In lateinischen Sätzen kann das Subjekt auch im Prädikat enthalten sein, weshalb das Prädikat entscheidend für den ganzen Satz ist.

Hast du das Prädikat erkannt, bestimmt und übersetzt, hast du den ersten Schritt zur richtigen Übersetzung des ganzen Satzes gemacht!

Das Prädikat erkennen

Es gibt einfache und zusammengesetzte Prädikate.

1. Einfaches Prädikat
2. Zusammengesetztes Prädikat: Prädikatsnomen + Hilfsverb
   a) Substantiv als Prädikatsnomen + Hilfsverb
   b) Adjektiv als Prädikatsnomen + Hilfsverb
3. Modalverb + Infinitiv

Einfaches Prädikat

Ein einfaches Prädikat besteht aus nur einem Verb, dem sogenannten Vollverb. Ein Infinitiv allein kann aber nicht das Prädikat sein.

Curro. Ich laufe.

▶ Übung 1:

Welche Wörter könnten Prädikat sein?

dant – imperator – adiuvare – scribo – est – magnus – vocamus – dominum – curritis

Prädikatsnomen und Hilfsverb

Das Hilfsverb *esse* benötigt noch ein Prädikatsnomen als Ergänzung. Das Prädikatsnomen kann entweder ein Substantiv (Beispiel 1: *mercator*) oder ein Adjektiv sein (Beispiel 2: *sedulus*).

1) *Theodorus mercator est.*	Theodorus ist Kaufmann.
2) *Discipulus sedulus est.*	Der Schüler ist fleißig.

Das Hilfsverb (die sogenannte „Kopula") und das Prädikatsnomen bilden gemeinsam das Prädikat. Beachte, dass das Hilfsverb eine finite Verbform sein muss, also nicht im Infinitiv stehen darf.

Esse kann aber nicht nur als Hilfsverb, sondern auch als Vollverb gebraucht werden. Dann hat es die Bedeutung „existieren", „da sein" oder „vorhanden sein".

Iustitia est.	Gerechtigkeit existiert. Es gibt / herrscht Gerechtigkeit. nicht: Gerechtigkeit ist.

Modalverben

Merke dir diese Modalverben:

posse	können / etwas tun können
velle	wollen / etwas tun wollen
nolle	nicht wollen / etwas nicht tun wollen
malle	lieber wollen / etwas lieber tun wollen
debere	müssen / etwas tun müssen

Diese Verben stehen in Verbindung mit einem Infinitiv. Ein solches mehrteiliges Prädikat kann man in einem übersetzen.

Cantare possunt. Sie können singen.

Auch hier ist das Modalverb eine finite Verbform (*possu**nt***).

Tipp: Die Satzstellung in lateinischen Sätzen ist zwar recht frei, dennoch findet man das Prädikat häufig am Schluss. Das liegt daran, dass der Satzanfang und das Satzende die besonders betonten Stellen sind. Während das Prädikat oft am Ende steht, ist das Subjekt meist vorn zu finden.

Das Prädikat bestimmen

Hier muss man den Blick auf die Wortform richten. Eine finite Verbform lässt sich nach den fünf Aspekten Person, Numerus, Tempus, Modus und Genus Verbi einordnen. So kann man Informationen über das Verb bekommen.

- Die **Person** gibt an, von wem eine Handlung ausgeht bzw. wer sie erleidet.
- Mit dem **Numerus** wird die Zahl angegeben. Es gibt Singular (Einzahl) und Plural (Mehrzahl).
- **Tempus** ist der Fachbegriff für die Zeit.

- Unter dem **Modus** versteht man die Aussageweise. Es gibt den Indikativ (die Wirklichkeitsform), den Imperativ (die Befehlsform) und den Konjunktiv (die Möglichkeitsform).
- Am **Genus Verbi** erkennt man, ob ein Ereignis aktiv oder passiv geschieht, also ob jemand selbst handelt oder eine Handlung erleidet.

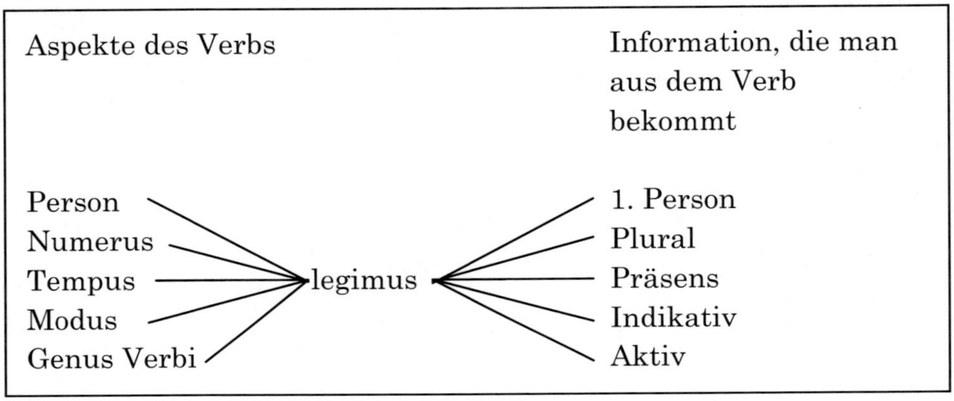

Außerdem wird durch das Prädikat klar, ob es möglicherweise ein Objekt oder mehrere Objekte im Satz gibt (vergleiche Baustein 3 und 5).

Durch das Prädikat erhält man eine Fülle an Informationen über den ganzen Satz!

▶ Übung 2:

Bestimme die finite Form des Verbs!

Aspekte des Verbs — Information

Person
Numerus
Tempus — vocas — ____________
Modus
Genus Verbi

____
____
____
____
____

Das Prädikat übersetzen

Übersetze immer die konkrete Verbform, die du zuvor bestimmt hast! Übersetze nicht bloß die Vokabelbedeutung des Infinitivs.

ridet	er / sie /es lacht nicht: lachen

Die Vokabelbedeutung von *„ridere"* ist „lachen"; die konkrete Form *„ridet"* muss aber mit „er / sie / es lacht" übersetzt werden.

Vergewissere dich, dass du alle Aspekte des Verbs richtig wiedergegeben hast, also z. B. keinen Tempusfehler gemacht hast.

▶ Übung 3:

Ein Aspekt des Verbs wurde falsch übersetzt. Finde und korrigiere den Fehler!

a) laudant	er lobt
b) legit	du liest

Das Prädikat kann auch verneint werden. Dies geschieht durch das Wort *„non"* = „nicht". *Non* ist kein eigenes Satzglied. Steht es direkt vor einem Prädikat, kann man es sofort mit übersetzen.

curro	ich laufe
non curro	ich laufe nicht

▶ Übung 4:

Bestimme und übersetze die konkreten Formen!

a) scribis
b) non vocant
c) audimus
d) cantare potest
e) cantare non potest

Baustein 2: Das Subjekt

Neben dem Prädikat ist das Subjekt der zweite notwendige Bestandteil für einen vollständigen Satz. Das Subjekt gibt den Satzgegenstand an; es erklärt also, wer oder was etwas ist oder etwas tut. In lateinischen Sätzen kann das Subjekt auch im Prädikat enthalten sein.

Das Subjekt erkennen und bestimmen

Hier soll es zunächst nur um Substantive oder Pronomina als Subjekt gehen.

Dabei gilt: Das Subjekt eines Satzes muss **immer im Nominativ** (1. Fall) stehen. Substantive bzw. Pronomina in einem anderen Kasus als dem Nominativ können nicht Subjekt sein! Subjekte stehen nicht nach einer Präposition.

▶ Übung 5:

Welche dieser Wörter stehen im Nominativ und könnten deshalb Subjekt eines Satzes sein?

Sortiere in drei Gruppen:

1) eindeutig Nominativ
2) Nominativ oder ein anderer Fall möglich
3) eindeutig kein Nominativ

discipuli – urbs – puellae – pilas – senatores – civitas – bellum – puer – Romanorum – Graecus

Numerus von Subjekt und Prädikat passen zueinander.

*Discipul**us** disci**t**.*	Der Schüler lernt. (Singular)
*Discipul**i** discu**nt**.*	Die Schüler lernen. (Plural)

Beachte:

Titus et Lucius *navigant.*	Titus und Lucius (= sie) segeln.
Tiberius et tu *gaudetis.*	Tiberius und du (= ihr) freut euch.

Person von Subjekt und Prädikat passen ebenfalls zueinander. So ist erkennbar, welches Personalpronomen zum Prädikat gehört.

Ego *disc**o**.*	**Ich** lern**e**.
Tu *disc**is**.*	**Du** lern**st**.

Beginnt man die Übersetzung eines Satzes vom Prädikat aus, kann man einige mögliche Subjekte ausschließen. Oft hilft dir das Prädikat daher, bei mehrdeutigen Formen das richtige Subjekt auszuwählen.

▶ Übung 6:

Welche Wörter könnten Subjekte zu den jeweiligen Prädikaten sein?

a) ridet: discipulus – liberi – amici – amicae – Quintus – senatores – puella – puero
b) audiunt: discipulus – liberi – amici – amicae – Quintus – senatores – puella – puero
c) audimus: ego – tu – nos – vos – amici – Quintus – Marcia – senatores – liberi
d) audis: ego – tu – nos – vos – amici – Quintus – Marcia – senatores – liberi

▶ Übung 7:

Welches Wort muss das Subjekt sein? Die unterstrichenen Wörter könnten Nominativ sein. Das Prädikat verrät hier das Subjekt aber eindeutig.

a) Philosophi crimen accusant.
b) Avaritia famae nocet.

c) <u>Magna</u> <u>cum</u> <u>cura</u> <u>ancillae</u> laborant.

crimen, criminis, n. - Verbrechen; **avaritia**, ae, f. - Geiz; **fama**, ae, f. - Ruf, Ansehen; **nocere** - schaden

Tipp: Da Anfang und Ende eines Satzes besonders betont werden, findet man das Subjekt häufig direkt am Anfang des Satzes oder unmittelbar nach einem einleitenden Wort.

Allerdings weist nicht jeder lateinische Satz ein ausdrückliches Subjekt auf. Dann muss aus dem Zusammenhang eindeutig klar sein, wer / was Subjekt ist.

Cornelia dormit.	Cornelia schläft.
Diu dormit.	**Sie** (= Cornelia) schläft lange.

Im Nominativ, also als Subjekt verwendet, stehen Personalpronomen nur, um die Person besonders zu betonen.

Ego maestus sum, *sed tu gaudes.*	Ich bin traurig, aber du freust dich.

Wenn du kein ausdrückliches Subjekt finden kannst, ist es im Prädikat enthalten.

*Tace**nt**.*	**Sie** schweigen.

▶ Übung 8:

Haben diese Sätze ein ausdrückliches Subjekt?

a) Gladiatores leonem caedunt.
b) Bestiam ex arena trahunt.
c) Turba valde gaudet.

leo, leonis, m. - Löwe; **caedere** - töten; **bestia**, ae, f. - Bestie, wildes Tier; **turba**, ae, f. - Menschenmenge

Mehrteilige Subjekte

Nicht immer besteht ein Subjekt aus nur einem Wort. Häufig ist das Substantiv mit einem adjektivischen Attribut ergänzt.

Puella ludit.	Das Mädchen spielt.
Puella ***parva*** *ludit.*	Das **kleine** Mädchen spielt.

Dieses Attribut und sein Beziehungswort müssen in Kasus (Fall), Numerus (Anzahl) und Genus (grammatisches Geschlecht) übereinstimmen. Das bezeichnet man als **KNG-Kongruenz**.

Wichtig: KNG-Kongruenz bedeutet nicht, dass sie dieselben Wortendungen haben müssen. Die Endungen sind bei Wörtern in KNG-Kongruenz nur dann gleich, wenn die Wörter auch zur selben Deklination gehören.

	Nominativ	Nominativ	
puell**a**	Singular	Singular	parv**a**
a-Dekl.	feminin	feminin	a-Dekl.

Hier ist KNG-Kongruenz gegeben. Da beide Wörter zur a-Deklination gehören, haben sie auch dieselben Endungen.

	Nominativ	Nominativ	
hom**o**	Singular	Singular	san**us**
kons. Dekl.	maskulin	maskulin	o-Dekl.

Obwohl die Wörter zu verschiedenen Deklinationen gehören und daher unterschiedliche Endungen haben, ist auch hier KNG-Kongruenz gegeben.

	Genitiv	Akkusativ	
lapid**um**	Plural	Singular	dur**um**
kons. Dekl.	maskulin	maskulin	o-Dekl.

Diese Wörter haben zwar dieselben Endungen, KNG-Kongruenz liegt aber nicht vor. In der konsonantischen Deklination ist das *-um* das Zeichen für den Genitiv Plural, in der o-Deklination steht das *-um* als Endung für den Akkusativ Singular.

▶ Übung 9:

Welche Adjektive passen nach KNG zum jeweiligen Beziehungswort?

a) homo: malus – bonis – malum – bono – mali – bona – malae – bonus
b) tempestatis: magnis – novum – magna – novae – magni – novis – magnae – novarum
c) potestas: aeternus – periculosos – aeternas – periculosa – aeternae – periculosas – aeternis

▶ Übung 10:

Finde das vollständige Subjekt in den folgenden Sätzen:

a) Rex et regina celebrant.
b) Leo saevus homines inarmatos adit.
c) Diem noctemque uxor maesta desperataque maritum desiderat.
d) Aeneas et pater et filius Troiam relinquunt.

regina, ae, f. - Königin; **saevus** - wild; **inarmatus** - unbewaffnet; **uxor**, uxoris, f. - Ehefrau; **maritus**, i, m. - Ehemann; **desiderare** - vermissen; **Aeneas** - Aeneas (*Held in der Mythologie*); **Troia**, ae, f. - Troja (*Stadt*)

Das Subjekt übersetzen

Im Lateinischen gibt es weder bestimmte Artikel (der, die, das) noch unbestimmte Artikel (ein, eine). Man muss bei der Übersetzung also entscheiden, ob man einen Artikel ergänzt, und ob man den bestimmten oder den unbestimmten Artikel wählt.

Faber laborat.	**Der** Handwerker arbeitet. Oder: **Ein** Handwerker arbeitet.
Aurum splendet.	Gold glänzt. Oder: **Das** Gold glänzt.

▶ Übung 11:

Übersetze diese kurzen Sätze.

Quintus ridet. Tullia legit. Discipuli tacent. Senatores disputant. Puer scribit. Servi laborant.

▶ Übung 12:

Suche und übersetze nur Prädikat und Subjekt. Die Sätze enthalten weitere Satzglieder, lass diese aber unbeachtet.

a) Quintus hodie amicos suos visitat.
b) Rex cum sociis multis regnum defendit ab hostibus.
c) Post cenam magnam servus fidus vinum et aquam apportat.

defendere - verteidigen; **fidus**, a, um - treu; **apportare** - bringen

Baustein 3: Das Akkusativobjekt

Objekte bieten eine notwendige bzw. sinnvolle Ergänzung des Prädikats. Zunächst soll es hier um das Akkusativobjekt gehen:

Der Akkusativ ist der 4. Fall sowohl im Deutschen als auch im Lateinischen. Der Akkusativ antwortet auf die Frage „Wen oder was?".

Das Akkusativobjekt erkennen

Nicht jeder Satz enthält ein Akkusativobjekt. Ob es in einem Satz ein Akkusativobjekt geben kann, hängt vom Prädikat ab.

1) *Puer visitat.*	Der Junge besucht.
2) *Puer comest.*	Der Junge isst.
3) *Puer dormit.*	Der Junge schläft.

zu 1) Dieser Satz wirkt ohne ein Akkusativobjekt unvollständig. Es muss ein Akkusativobjekt geben, das auf die Frage „Wen oder was besucht der Junge?" antwortet.

zu 2) Dieser Satz ist prinzipiell vollständig. Er muss nicht unbedingt durch ein Akkusativobjekt ergänzt werden, kann es aber. Ein Akkusativobjekt, das auf die Frage „Was isst der Junge?" antwortet, ist möglich.

zu 3) In diesem Satz kann es kein Akkusativobjekt geben, da man nicht fragen kann „Wen oder was schläft der Junge?"

Verben, die ein Akkusativobjekt bei sich haben können, nennt man „transitive Verben" (Beispiel 1 und 2). Verben, die kein Akkusativobjekt haben können, heißen „intransitive Verben" (Beispiel 3).

▶ Übung 13:

Kann dieser Satz ein Akkusativobjekt enthalten? Übersetze und finde – wenn möglich – für den deutschen Satz ein passendes Akkusativobjekt.

a) Marius scribit.
b) Arbor crescit.
c) Fabri aedificant.

arbor, arboris, f. - Baum; **faber**, fabri, m. - Handwerker; **aedificare** - bauen

Wenn es in einem Satz ein Akkusativobjekt geben kann, suche es anhand der Kasusendung. Aber nicht jedes Wort, das im Akkusativ steht, kann auch ein Akkusativobjekt sein. Wörter im Akkusativ, die nach einer Präposition stehen, sind keine Akkusativobjekte.

▶ Übung 14:

Kann es sich um ein Akkusativobjekt handeln?

senatores – puellarum – amicas – ad amicum – servi – bella – in tabernam – discipulos

Auch ein Akkusativobjekt kann durch ein adjektivisches Attribut ergänzt sein.

Puellam videmus.	Wir sehen das Mädchen.
*Puellam **parvam** videmus.*	Wir sehen das **kleine** Mädchen.

Auch hier muss KNG-Kongruenz zwischen Attribut und Beziehungswort gegeben sein (vergleiche Baustein 2).

Achtung: Einige Verben fordern im Lateinischen ein Akkusativobjekt, im Deutschen aber zum Beispiel ein Dativobjekt!

adiuvare	jemandem helfen
adaequare	jemandem / etw. gleichkommen
deficere	jemandem ausgehen; jemandem zu fehlen beginnen
fugere	jemandem entkommen

Doppelter Akkusativ

Es gibt einige Wörter im Lateinischen, die mit doppeltem Akkusativ konstruiert werden:

creare	jemandem **zu** etwas wählen
putare / iudicare / existimare / habere	jemanden **für** etwas halten
vocare / nominare / appelare	jemanden **als** etwas bezeichnen / jemanden eine(n) … nennen

Cives Tiberium tribunum plebis creant.	Die Bürger wählen Tiberius zum Volkstribun.

Um diese Konstruktionen zu übersetzen, braucht man in der Regel eine Präposition (im Bsp.: **zum** Volkstribun). In einigen Vokabelverzeichnissen wird die zugehörige Präposition gleich zum Lernen mit angegeben.

Akkusativobjekte

Das Wort *„docere“* (lehren) kann zwei Akkusativobjekte haben.

Philosophus discipulum docet. Der Philosoph lehrt den Schüler.

Philosophus virtutes docet. Der Philosoph lehrt die Tugenden.

Die beiden Sätze können auch verknüpft werden.

Philosophus discipulum virtutes docet.

Der Philosoph lehrt den Schüler die Tugenden.

Durch Kombination entsteht ein Satz mit zwei Akkusativobjekten.

Das Akkusativobjekt bestimmen

Akkusativobjekte lassen sich nach Kasus, Numerus und Genus bestimmen. Anhand der Wortendung werden Kasus und Numerus klar. Wenn du ein Akkusativobjekt gefunden hast, hast du die Aspekte, die für die Übersetzung wichtig sind, schon bestimmt!

▶ Übung 15:

Haben die folgenden Sätze ein Akkusativobjekt? Wenn ja, markiere es und bestimme den Numerus:

a) Senatores video.
b) Caesar liber a curis est.
c) Mater filios atque filias linguam Latinam docet.
d) Populus Romanus victoriam gloriosam celebrat.
e) Cives e vicis variis veniunt.
f) Liberi matrem adiuvant.

lingua, ae, f. - Sprache; **gloriosus**, a, um - ruhmreich; **celebrare** - feiern; **vicus**, i, m. - Dorf, Stadtteil; **varius**, a, um - verschieden

Das Akkusativobjekt übersetzen

Zunächst werden Prädikat und Subjekt eines Satzes übersetzt.

Puer *avum* ***visitat.***	Der Junge besucht.

Den Akkusativ *avum* fügt man als Antwort auf die Frage „Wen besucht der Junge?“ ein.

Puer ***avum*** *visitat.*	Der Junge besucht **den Großvater.**

Übersetze auch bei den Verben, die im Lateinischen mit dem Akkusativ stehen, im Deutschen aber einen anderen Kasus bei sich haben, zuerst Subjekt und Prädikat.

Bestiae *flammas* ***fugiunt.***	Die Tiere entkommen.

Das Wort *flammas* ist im Lateinischen zwar Akkusativ, antwortet im Deutschen aber auf die Frage „Wem oder was entkommen die Tiere?“. Übersetze es daher nicht wörtlich als Akkusativ, sondern als Dativ, der auf die Frage antwortet.

Bestiae ***flammas*** *fugiunt.*	Die Tiere entkommen **den Flammen**.

▶ Übung 16:

Übersetze alle Sätze aus Übung 15, die ein Akkusativobjekt enthalten!

Übersetzungstext

Die Gallier haben weite Teile Italiens erobert. Nun greifen sie auch die Stadt Rom an und belagern das Kapitol, einen der sieben Hügel Roms. Mit Hilfe einiger Gänse kann der Römer Manlius aber verhindern, dass die Angreifer das Kapitol einnehmen.

Multi anseres Capitolio sunt, nam Romani anseres sacros putant. Cibus homines iam deficit, sed Romani anseres sacros non comedunt. Quodam die anseres Romanos adiuvant:

Nox est et Galli Capitolium ascendunt. Dux dicit: „Omnes Romani dormiunt. Nunc urbem capere possumus!" Romani hostes non animadvertunt, nam omnes viri, feminae et liberi dormiunt. Etiam canes hostes non audiunt. Anseres autem vigilaces sunt et sic urbem Romam servant. Incipiunt argutare. Clamor Manlium excitat. Manlius fortis statim arma arripit, nonnullos Gallos expellit et alios Romanos excitat. Romani mortem fugiunt et milites urbem defendere possunt. Denique Romani victoriam celebrant et Manlium hereum appellant.

anser, anseris, m. - Gans; **Capitolio** - auf dem Kapitol; **cibus**, i, m. - Nahrung; **quodam die** - eines Tages; **animadvertere** - bemerken; **canis**, canis m. - Hund; **vigilax**, vigilacis - wachsam; **incipere**, incipio - anfangen (etwas zu tun); **argutare** - schnattern; **excitare** - aufwecken; **fortis** - tapfer; **arma arripere** - die Waffen ergreifen; **expellere** - vertreiben; **mors**, mortis, f. - Tod; **hereus**, i, m. - Held

Baustein 4: Weitere Funktionen des Akkusativs

Nicht jedes Wort, das im Akkusativ steht, ist ein Akkusativobjekt. Der Akkusativ erfüllt auch einige weitere Funktionen.

Einen Akkusativ in einer anderen Funktion erkennen

Steht ein Akkusativ nach einer Präposition, kann es sich nicht um ein Akkusativobjekt handeln.

Nach diesen Präpositionen steht der Akkusativ:

ad	zu; bei; an
adversus	gegen; gegenüber
ante	vor
apud	bei
circa	um … herum
contra	gegen
erga	gegenüber
extra	außerhalb von
in	in (hinein)
inter	zwischen; unter
intra	innerhalb
iuxta	neben
ob	wegen
per	durch
post	nach; hinter
praeter	außer
prope	nahe bei
propter	wegen
secundum	gemäß; nach

super	über
trans	über; jenseits
ultra	über … hinaus; jenseits
usque (ad)	bis; bis zu

Auch ein Akkusativ, der ohne Präposition steht, muss nicht unbedingt ein Akkusativobjekt sein. Das erkennst du immer dann, wenn du den Akkusativ nicht als Antwort auf die Frage „Wen oder was?“ übersetzen kannst.

Publius Romam it.

Übersetzt man Prädikat und Subjekt, ergibt sich „Publius geht“. Der Akkusativ antwortet hier aber nicht auf die Frage „Wen oder was (geht Publius)?“. Also kann es sich bei *Romam* nicht um ein Akkusativobjekt handeln. Dieser Akkusativ muss eine andere Funktion erfüllen.

Einen Akkusativ in einer anderen Funktion bestimmen

Bei jedem Wort im Akkusativ kannst du Kasus, Numerus und Genus bestimmen – ganz egal, ob der Akkusativ als Objekt oder in einer anderen Funktion verwendet wurde.

Einen Akkusativ in einer anderen Funktion übersetzen
Akkusativ als adverbiale Bestimmung

Steht ein Akkusativ nach einer Präposition, ist der Akkusativ als adverbiale Bestimmung verwendet. Übersetze die Präposition und hänge den Akkusativ an.

per hortum ire	durch den Garten gehen
in domum ire	in das Haus hinein gehen

Beachte: Nicht nach allen diesen Präpositionen steht auch im Deutschen der Akkusativ. Gib den Akkusativ dann nicht wörtlich wieder, sondern als Antwort auf die zugehörige Frage.

Quintus circa curiam it. Quintus geht um die Kurie herum.

Quintus ad amicum it. Quintus geht zu dem Freund.

zu 1) Der Akkusativ antwortet auf die Frage „Um **wen** geht Quintus herum?". Im Lateinischen und im Deutschen steht der Akkusativ.

zu 2) Der Akkusativ antwortet auf die Frage „Zu **wem** geht Quintus?". Im Lateinischen steht nach der Präposition *ad* der Akkusativ, im Deutschen steht aber der Dativ.

▶ Übung 17:

Übersetze.

extra moenia – post cenam – trans pontes – in silvam – sub tectum – circa urbem – ad astra

moenia, moenium, n. - Stadtmauern; **pons**, pontis, m. - Brücke; **silva**, ae, f. - Wald; **tectum**, i, n. - Dach; **astrum**, i, n. - Stern

Richtungsakkusativ

Auch auf die Frage „Wohin?" antwortet der Akkusativ. Städtenamen und die Namen kleinerer Inseln stehen dabei ohne eine Präposition. Bei der Übersetzung merkst du wieder, dass es sich nicht um ein Akkusativobjekt handeln kann.

Übersetze zuerst Prädikat und Subjekt.

Publius Romam **it**. Publius geht.

Das Verb *ire* kann kein Akkusativobjekt haben. Der Akkusativ *Romam* antwortet hier also nicht auf die Frage „Wen oder was (geht

Publius)?“, sondern auf die Frage „Wohin geht Publius?“. Übersetze das Wort *Romam* daher als Antwort auf diese Frage.

Publius ***Romam*** *it.* Publius geht **nach Rom**.

Merke dir diese Richtungsakkusative.

domum	nach Hause
rus	aufs Land
Cretam	nach Kreta
Carthaginem	nach Karthago

Akkusativ der Ausdehnung

Merksatz: Nach „Wie lang?“, „Wie hoch?“, „Wie breit?“, „Wie tief?“ steht immer der Akkusativ.

Gladiatores ***multas horas*** *se exercent.*	Die Gladiatoren trainieren **viele Stunden**. (Wie lange?)
Murus ***decem pedes*** *altus est.*	Die Mauer ist **zehn Fuß** hoch. (Wie hoch?)

Übersetze auch diesen Akkusativ als Antwort auf die zugehörige Frage.

▶ Übung 18:

Übersetze und ordne die Akkusative den Fragen „Wie lang?“, „Wie hoch?“, „Wie breit?“, „Wie tief?“ zu.

a) Fossa quattuor pedes alta est.
b) Athleta tres pedes in altum salit.
c) Bellum decem annos durat.
d) Arbor decem pedes in altum et tres pedes in latum crescit.

fossa, ae, f. - Graben; **altus**, a, um - hoch, tief; **athleta**, ae, m. - Athlet, Sportler; **in altum** - in die Höhe; **salire** - springen; **durare** - dauern; **in latum** - in die Breite

Ausruf im Akkusativ

Anders als im Deutschen wird im Lateinischen häufig der Akkusativ in Ausrufen verwendet:

O me miseram! Oh, ich Arme!

Der Akkusativ wird bei der Übersetzung zum Nominativ.

▶ Übung 19:

Diese Sätze enthalten Wörter im Akkusativ. Übersetze sie und gehe dabei so vor: Prädikat und Subjekt übersetzen, dann die Funktion des Akkusativs erkennen und ihn anschließend in den Satz einfügen.

Die Aufgaben g) und h) enthalten weitere Satzglieder; lass diese unbeachtet.

a) Ante cenam ancilla tabulam ornat.
b) Imperator urbem expugnat.
c) Dominus nuntium citum ad amicum mittit.
d) Templum antiquum prope curiam vides.
e) Fabulam veritatem habeo.
f) vos beatos!
g) Populus Romanus Claudium tribunum magna cum voce creat.
h) Mater cum ancillis cenam parat.

tabula, ae, f. - Tafel, Esstisch; **ornare** - schmücken; **imperator** - Feldherr; **nuntius**, i, m. - Bote; **citus**, a, um - schnell; **curia**, ae, f. - Kurie, Rathaus; **fabula**, ae, f. - Geschichte; **vox**, vocis, f. - Stimme

Übersetzungstext

Der Schriftsteller Plinius beklagt in einem Brief an seinen Freund Calvisius das Verhalten der Zuschauer bei Zirkusspielen. Er kritisiert, dass die Menschen die Wagenlenker in den Tuniken – quasi in den „Trikots“ – ihres Lieblingsvereins bejubeln, ohne jedoch die tatsächliche sportliche Leistung anzuerkennen.

Circenses sunt et multi homines Romam veniunt. Ego autem in Circum Maximum non eo. Circus Maximus aedificium ingens est: 2030 pedes longus et 470 pedes latus est. Intra Circum semper vides idem spectaculum: Equi magnifici curros trahunt et agitatores equos circa spinam dirigunt.

Spectatores autem non agitatores sollertes aut equos celeres adstupent. Non artem amant, amant tunicam. Heu, stultam exsultationem apud homines graves!

Multos annos spectatores agitatorem applaudunt. Si agitator autem tunicam mutat, spectatores agitatorem relinquunt. Itaque spectaculum me non delectat. O tempora, o mores!

circenses - Zirkusspiele; **Circus Maximus** - *Bauwerk in Rom, dort fanden die berühmtesten Zirkusspiele statt*; **idem** - das selbe; **spectaculum**, i, n. - Schauspiel, Spektakel; **magnificus**, a, um - prächtig; **agitator**, agitatoris, m. - Wagenlenker; **spina**, ae, f. - *Begrenzung beim Wagenrennen;* **dirigere** - lenken; **sollers**, sollertis - geschickt; **adstupere** - bestaunen; **exsultatio**, exsultationis, f. - (hier: übertriebener) Jubel; **gravis** - hier: wichtig, ernsthaft; **applaudere** - beklatschen, bejubeln; **relinquere** - verlassen; **delectare** - erfreuen; **mos**, moris, m. - Sitte

Baustein 5: Das Dativobjekt

Auch Dativobjekte stellen eine sinnvolle bzw. notwendige Ergänzung des Prädikats dar.

Der Dativ ist der 3. Fall. Er antwortet auf die Frage „Wem oder was?“.

Das Dativobjekt erkennen

Beim Dativobjekt ist es genauso wie beim Akkusativobjekt auch: Es kommt nicht in jedem Satz vor. Ob es ein Dativobjekt geben kann, hängt vom Prädikat ab.

1) Liber adpertinet.	Das Buch gehört.
2) Servi parent.	Die Sklaven gehorchen.
3) Arbores florent.	Die Bäume blühen.

zu 1) Dieser Satz ist ohne ein Dativobjekt nicht vollständig. Die Frage „Wem gehört das Buch?“ muss beantwortet werden.

zu 2) Der Satz ist zwar vollständig, es könnte aber ein Dativobjekt geben, das auf die Frage „Wem gehorchen die Sklaven?“ antwortet.

zu 3) Hier kann es kein Dativobjekt geben, da die Frage „Wem blühen die Bäume?“ unlogisch ist.

Kann es in einem Satz ein Dativobjekt geben oder ist es sogar notwendig, schaut man nach einem Wort im Dativ. Achtung: Die Wortendungen für den Dativ sind oft mehrdeutig.

Wichtig: Lerne die Endungen der Deklinationen nicht nur von oben nach unten auswendig, sondern übe, die Endungen im Text zu erkennen. So wirst du nicht nur ein mögliches Dativobjekt schnell bemerken.

▶ Übung 20:

Welche Wörter stehen im Dativ und könnten daher ein Dativobjekt sein?

Sortiere in drei Gruppen!

1) eindeutig Dativ

2) Dativ oder ein anderer Fall möglich

3) eindeutig kein Dativ

servis – ancillae – bellum – arboribus – Publio – filius – amici – senatores – tempestati

Nicht immer besteht das Dativobjekt aus nur einem Wort. Es kann auch mit einem adjektivischen Attribut ergänzt sein.

Servi domino parent.	Die Sklaven gehorchen dem Herrn.
*Servi domino **acerbo** parent.*	Die Sklaven gehorchen dem **strengen** Herrn.

Beachte: Manche lateinische Verben verlangen den Dativ. Im Deutschen werden sie aber mit einem anderen Kasus konstruiert.

favere	jemanden begünstigen
invidere	jemanden beneiden
maledicere	jemanden beschimpfen, verleumden
obtrectare	etwas verkleinern, schmälern
parcere	jemanden / etwas schonen
persuadere	jemanden überreden
studere	sich um jemanden / etwas bemühen

Das Dativobjekt bestimmen

Kasus, Numerus und Genus können bestimmt werden. Hat man das Dativobjekt anhand der Endung gefunden, hat man die für die Übersetzung wichtigen Aspekte bereits bestimmt.

▶ Übung 21:

Markiere die Dativobjekte in diesen Sätzen und gib den Numerus des Dativobjekts an. Ein Satz enthält kein Dativobjekt. Welcher?

a) Leges novae populo placent.
b) Homines probi victis parcunt.
c) Senatores Marcum consulem creant.
d) Amicis gratias ago.
e) Mercator Graecus viris Romanis merces bonas vendit.

lex, legis, f. - Gesetz; **probus**, a, um - anständig, rechtschaffen; **victus**, i, m. - der Besiegte; **parcere** - (ver)schonen; **gratias agere** - danken; **mercator**, mercatoris, m. - Händler, Kaufmann; **merx**, mercis, f. - Ware

Das Dativobjekt übersetzen

Beginne die Übersetzung mit Prädikat und Subjekt.

Tiberius amico **confidet**. Tiberius vertraut.

Füge dann das Dativobjekt *amico* auf die Frage „Wem oder was (vertraut Tiberius)?“ ein.

Tiberius ***amico*** *confidet.* Tiberius vertraut **dem Freund**.

Beachte: Bei den Verben, die im Lateinischen mit dem Dativ konstruiert werden, im Deutschen aber einen anderen Kasus bei sich haben, darfst du den Dativ nicht wörtlich übersetzen. Gehe bei der Übersetzung vom deutschen Prädikat aus.

Ventus perpetuus **classiariis** *favet.*	Der stete Wind begünstigt **die Seefahrer**.
Dativ	Akkusativ

Das Wort *classiariis* ist zwar ein Dativ, es antwortet aber auf die Frage „Wen oder was begünstigt der stete Wind?“. Daher muss man es im Deutschen mit einem Akkusativ wiedergeben.

▶ Übung 22:

Übersetze die Sätze aus Übung 21.

Übersetzungstext

Um Gefahren wie Krankheiten oder Naturgewalten abzuwehren, holten sich die Römer oft Rat in den Sibyllinischen Büchern. Diese Sammlung von Orakelsprüchen hatte Tarquinius Superbus, der letzte römische König, einst der Wahrsagerin Sibylle abgekauft.

Tarquinius Superbus rex Sibyllam vatem visitat. Senex regi novem libros monstrat. Magnam pecuniam postulat, itaque Tarquinius libros non emit. Tum Sibylla tres libros cremat et Tarquinio reliquos sex libros denuo offert. Tarquinius iterum denegat, nam Sibylla denuo magnam pecuniam postulat. Statim vates iterum tres libros in flammas iactat et regi tres libros reliquos offert. Denique Tarquinius vati pecuniam primo postulatam dat et femina tres libris reliquis parcit.

Postea Tarquinius libros custodibus permittit. Si Romae pericula imminent, custodes libros legunt. Oracula cives adiuvant et periculis obtrectant.

vates, vatis, f. - Priesterin; **senex**, senis, f. - hier: Greisin, alte Frau; **novem** (undeklinierbar) - neun; **liber**, libri, m. - Buch; **magna pecunia** - viel Geld; **postulare** - fordern; **tres** - drei; **cremare** - verbrennen; **reliquus**, a, um - übrig; **sex** (undeklinierbar) - sechs; **offerre** - anbieten; **denegare** - verneinen; **pecuniam primo postulatam** - das zu Anfang (für alle neun Bücher) geforderte Geld; **custos**, custodis, m. - Wächter, Hüter; **permittere** - übergeben, anvertrauen; **imminere** - drohen; **oraculum**, i, n. - Orakelspruch; **obtrectare** - schmälern

Baustein 6: Weitere Funktionen des Dativs

Nicht jeder Dativ in einem Satz ist ein Dativobjekt. Der Dativ kann weitere Funktionen haben.

Einen Dativ in einer anderen Funktion erkennen

Der Dativ steht immer ohne Präposition. Wenn du einen Dativ gefunden hast, erkennst du bei der Übersetzung, ob es sich um ein Dativobjekt oder um einen Dativ in einer anderen Funktion handelt.

Pecunia Tiberio est.

Übersetzt man zuerst Prädikat und Subjekt, ergibt sich: „Geld ist". *Tiberio* ist ein Dativ, kann jedoch nicht als Dativobjekt übersetzt werden. Der Dativ antwortet nicht auf die Frage: „Wem (ist Geld)?". Also muss der Dativ eine andere Funktion haben.

Einen Dativ in einer anderen Funktion bestimmen

Bei jedem Nomen im Dativ kann man Kasus, Numerus und Genus bestimmen – ganz egal, ob der Dativ als Objekt oder in einer anderen Funktion verwendet wurde.

▶ Übung 23:

Sortiere diese Wörter in zwei Gruppen

1) Dativ oder ein anderer Fall möglich
2) eindeutig kein Dativ

hostes – consulis – familiae – patriis – amicam – amico – laboribus – equus – vitas

Einen Dativ in einer anderen Funktion übersetzen

Der Dativ erfüllt verschiedene Funktionen, die jeweils auf eine bestimmte Weise übersetzt werden.

Dativ des Besitzers	–	*dativus possessivus*
Dativ des Vorteils	–	*dativus commodi*
Dativ des Zwecks	–	*dativus finalis*

Dativ des Besitzers - *dativus possessivus*

In Kombination mit einer Form von *esse* bezeichnet der Dativ den Besitzer einer Sache.

Multi servi ***domino*** *sunt.* — wörtlich: Dem Herrn sind viele Sklaven.

besser: Dem Herrn gehören viele Sklaven.

oder: Der Herr hat / besitzt viele Sklaven.

Die wörtliche Übersetzung kann man so nicht stehenlassen, sondern man muss sie durch einen schöneren Ausdruck ersetzen.

▶ Übung 24:

Verbessere diese wörtlichen Übersetzungen, die so nicht bleiben können.

a) Pecunia nobis non est. — „Geld ist uns nicht."

b) Opilioni multi oves sunt. — „Dem Schäfer sind viele Schafe."

c) Dominae ornamentum pretiosum est. — „Der Herrin ist kostbarer Schmuck."

Dativ des Vorteils - *dativus commodi*

Der *dativus commodi* ist der Dativ des Vorteils. Er bezeichnet diejenige Person oder Sache, zu deren Vorteil etwas ist oder geschieht. In der Regel nutzt man zur Übersetzung das Wort „für“ und beantwortet so die Frage „Für wen?“.

Non ***scholae,***	Nicht **für die Schule**,
sed ***vitae*** *discimus.*	sondern **für das Leben** lernen wir.

Dativ des Zwecks - *dativus finalis*

Der *dativus finalis* steht zusammen mit einer Form von *esse*. Er beantwortet die Frage „Wozu?“ und gibt den Zweck oder die Wirkung an. Häufig steht in einem Satz mit *dativus finalis* ein weiterer Dativ als *dativus commodi*.

Expeditio duci ***honori*** *est.*

d. commodi *d. finalis*

Expeditio duci honori est.	wörtlich: Der Feldzug ist dem Anführer zur Ehre.
	besser: Der Feldzug bringt dem Anführer Ehre.
	oder: Der Feldzug bedeutet Ehre für den Anführer.

Die wörtliche Übersetzung kann so nicht bleiben. Suche daher nach einer besseren Formulierung.

curae esse	Sorgen machen; sich um jemanden / etwas sorgen
gaudio esse	Freude bringen; Freude machen
honori esse	Ehre bringen; Ehre bedeuten
labori esse	Mühe machen
perniciei esse	Verderben bringen
saluti esse	Rettung bringen

▶ Übung 25:

Diese Sätze enthalten alle eine Form im Dativ. Übersetze und gib die Funktion des Dativs an.

a) Virtutes Socrati curae sunt.
b) Iudex reo non credit.
c) Villa Plinio est.
d) Rex filio terram permittit.
e) Romani templa deis aedificant.

virtus, virtutis, f. - Tugend; **iudex**, iudicis, m. - Richter; **reus**, i, m. - Angeklagter

Übersetzungstext

Entscheidung im Kampf um Troja

Iam decem annos Graeci ante Troiam pugnant, sed urbem capere non possunt. Denique Ulixes Graecus consilium capit et aliis Graecis ita persuadet: „Equum ligneum aedificamus. Equus Troianis perniciei est, nobis autem victoriae est. Triginta vires in equum magnum inscendere possunt."

Graeci statim incipiunt laborare, nam Ulixi prudentia magna est.

Die Griechen bauen das Pferd so, wie Odysseus es geplant hat. Dann stellen sie den Trojanern eine Falle: Sie täuschen ihren Rückzug vor und lassen das hölzerne Pferd als vermeintliches Geschenk vor der Stadt zurück. Da das hölzerne Pferd so groß ist, dass es nicht durch das Stadttor Trojas passt, müssen die Trojaner einen Teil der Stadtmauer zerstören, um es in die Stadt zu holen. Sino, ein griechischer Spion, überzeugt die Trojaner davon, dies zu tun.

Sino: „Vobis infesti non sum. Graeci se recipiunt. Equus donum Minervae est. In urbem trahere non potestis, nam nimius est.“

Troiani verba Sinoni credunt, moenia destruunt et equum in urbem trahunt.

Nox proxima Troiae perniciei est. Vires equum relinquunt, Sino militibus Graecis ante urbem signum dat. Graeci incolis non parcunt, sed homines caedunt et urbem incendunt.

Ulixes, Ulixis, m. -Odysseus (*griechischer Held*); **consilium capere** - einen Beschluss fassen; **ligneus**, a, um - hölzern, aus Holz; **triginta** - dreißig; **inscendere** - hineinsteigen, hineinklettern; **incipere** - anfangen, (etwas zu tun); **infestus** - feindlich gesonnen; **se recipere** - sich zurückziehen; **nimius** - zu groß; **moenia** - Stadtmauern; **destruere** - zerstören; **proximus**, a, um - der / die / das nächste; **incola**, ae, m. - Einwohner; **incendere** - anzünden

Baustein 7: Nebensätze

Statt einen langen Satz von vorne nach hinten zu übersetzen, solltest du zunächst die Satzstruktur durchschauen. Häufig besteht ein Satz nicht nur aus einem Hauptsatz, sondern aus einem Hauptsatz und einem Nebensatz bzw. mehreren Nebensätzen.

Einen Nebensatz erkennen

Als Hauptsatz bezeichnet man einen Satz, der allein stehen kann. Ein Nebensatz kann nicht allein stehen.

Die Übersetzung eines komplexen Satzes solltest du immer mit dem Hauptsatz beginnen. Isoliere den Hauptsatz, indem du die Nebensätze herauslässt.

Einen Nebensatz erkennst du an:

1) einem Prädikat.
2) einer einleitenden Konjunktion oder dem Relativpronomen bei Relativsätzen.
3) einem Komma bzw. mehreren Kommas zur Abgrenzung vom Hauptsatz.

*Troiani Sinoni confidunt***,** ***quamquam*** *veritatem non* ***dicit****.*

Komma   Konjunktion   Prädikat des Nebensatzes

Wichtig: Lies dir jeden Satz zunächst aufmerksam durch! Achte dabei besonders auf die Satzzeichen!

Nebensätze können an verschiedenen Positionen im Satzganzen stehen.

Titus dormit, quod aegrotus est. Nebensatz hinter dem Hauptsatz

Quod aegrotus est, Titus dormit. Nebensatz vor dem Hauptsatz

Titus, quod aegrotus est, dormit. Nebensatz im Hauptsatz

Es kann auch mehrere Nebensätze in einem Satzganzen geben:

Si pluere incipit, omnes in domos ineunt, quod immanescere nolunt.

Si pluere incipit,	omnes in domos ineunt,	quod immanescere nolunt.
Nebensatz A	Hauptsatz	Nebensatz B

Wenn es anfängt zu regnen, gehen alle in die Häuser hinein, weil sie nicht nass werden wollen.

Die Sinnrichtung eines Nebensatzes bestimmen

Die einleitenden Konjunktionen bei Nebensätzen verraten nicht nur, dass es sich um einen Nebensatz handelt, sondern sie geben auch die Sinnrichtung des Nebensatzes an.

quamquam	obwohl	konzessiv (Gegensatz)
postquam	nachdem	temporal (Zeit)
ubi primum	sobald als	temporal (Zeit)
quod	weil	kausal (Grund)
quia	weil	kausal (Grund)
quoniam	weil	kausal (Grund)
si	wenn	konditional (Bedingung)
ut	wie	komparativ (Vergleich)

Omnes in domos ineunt, quia pluere incipit.	Alle gehen in die Häuser hinein, weil es anfängt zu regnen.

Das Wort *quia* leitet einen kausalen Nebensatz ein. Dieser Satz gibt den Grund an und antwortet hier auf die Frage „Warum gehen alle in die Häuser hinein?“.

▶ Übung 26:

Finde den Nebensatz und gib seine Sinnrichtung an.

a) Est, ut dicis.
b) Quod homo probus est, cives Secundum tribunum creant.
c) Spectatores agitatorem non iam applaudunt, si agitator tunicam mutat.

probus, i, m. - rechtschaffen, anständig; **tribunus**, i, m. - Tribun (*römischer Beamter*); spectator, spectatoris, m. - Zuschauer; **agitator**, agitatoris, m. - Wagenlenker; **tunica**, ae, f. - Tunika, hier: Trikot

Komplexe Sätze übersetzen

Quod tempestas bona est, multi homines in viis ambulant.

Hat man den Hauptsatz isoliert, wird er zuerst übersetzt.

Multi homines in viis ambulant.	Viele Menschen gehen auf den Straßen spazieren.

Ist der Hauptsatz fertig übersetzt, übersetzt man den Nebensatz.

quod tempestas bona est	weil das Wetter gut ist

Dann fügt man die beiden Satzteile zusammen. Üblicherweise behält man die Reihenfolge von Hauptsatz und Nebensatz bei der Übersetzung bei, wenn Haupt- und Nebensatz verschiedene Subjekte haben.

Quod tempestas bona est, multi homines in viis ambulant.	Weil das Wetter gut ist, gehen viele Menschen auf den Straßen spazieren.

Weitere Nebensätze werden anschließend nach demselben Schema übersetzt und an geeigneter Stelle eingefügt.

▶ Übung 27:

Übersetze die Sätze aus Übung 26.

Wichtig: Oftmals haben Haupt- und Nebensatz dasselbe Subjekt. Dann steht meist das Subjekt am Satzanfang und der Nebensatz folgt direkt darauf. Erst danach schließt sich der übrige Teil des Hauptsatzes an:

Aeneas,	*quamquam Didonem amat,*	*Carthaginem urbem relinquere debet.*
Subjekt von Haupt- und Nebensatz	Nebensatz	Hauptsatz

Auch hier wird zuerst der Hauptsatz übersetzt:

Aeneas Carthaginem urbem relinquere debet.	Aeneas muss die Stadt Karthago verlassen.

Anschließend wird der Nebensatz übersetzt:

quamquam Didonem amat	obwohl er Dido liebt

Achte beim Zusammenfügen von Haupt- und Nebensatz auf gutes Deutsch und ändere die Position des Nebensatzes:

Aeneas, quamquam Didonem amat, Carthaginem urbem relinquere debet.	Aeneas muss die Stadt Karthago verlassen, obwohl er Dido liebt. oder: Obwohl er Dido liebt, muss Aeneas die Stadt Karthago verlassen. nicht: Aeneas, obwohl er Dido liebt, muss die Stadt Karthago verlassen.

▶ Übung 28:

Strukturiere und übersetze. Achte dabei auf gutes Deutsch.

a) Quamquam liberos non habet, Plinius scholam adiuvat, quia eruditio viro opulento cordi est.
b) Sino, quod Graecus est, Troianis veritatem non dicit.
c) Servus, quamquam aegrotus est, laborare debet.

eruditio, eruditionis, f. - Bildung; **opulentus**, a, um - reich, wohlhabend, **cordi esse** - am Herzen liegen; **aegrotus**, a, um - krank

Übersetzungstext

Tod eines Sklaven

Hodie tonsor foris laborat, quia tempestas bona est. Tonsor servum ibi radit, ubi multi homines sunt. Nonnulli per vias ambulant, nonnulli opera emunt, nonnulli etiam pila ludunt.

Quamquam copia ingens est, nonnuli iuvenes pilam iactant. Tonsorem iuvenes non animadvertunt. Subito iuvenis pilam vehementer iactat et pila tonsorem pellit. Manus imprudens servo acutum cutellum in gullam pellit. Sic pila servum necat.

Dominus, quod iratus est, postea iuvenes atque tonsorem in ius vocat.

Der Herr des Sklaven brachte den Fall vor Gericht. Ob der Frisör oder die Jugendlichen schuldig gesprochen wurden, ist nicht überliefert. Ganz sicher ist aber, dass der Herr nicht wegen fahrlässiger Tötung klagte, sondern wegen Sachbeschädigung. Sklaven galten in der Antike nämlich nicht als Menschen, sondern als Sachen.

tonsor, tonsoris, m. - Frisör; **foris** - draußen; **ibi** - dort; **radere** - rasieren; **nonnulli** - einige; **ambulare** - spazieren gehen; **opera emere** - Werke (Waren) kaufen; **pila**, ae, f. - Ball; **ludere** - spielen; **copia**, ae, f. - hier: Menschenmenge; **ingens** - riesig, sehr groß; **iactare** - werfen; **imprudens** - unschuldig; **acutus cutellus** - scharfes Messer; **gulla**, ae, f. - Kehle; **dominus**, i, n. - Herr (eines Sklaven); **in ius vocare** - vor Gericht bringen

Baustein 8: Satzreihen und Appositionen

Nebensätze hast du bereits kennengelernt. Komplexere Sätze bestehen aber nicht nur aus Nebensatzkonstruktionen. Es gibt auch Aneinanderreihungen von Hauptsätzen (Satzreihen) und Appositionen. Diese und weitere Möglichkeiten zur Strukturierung längerer Sätze werden hier behandelt.

Satzreihen erkennen

Satzreihen sind Gefüge aus mehreren Hauptsätzen. Zwischen den Hauptsätzen steht nicht notwendigerweise ein Komma. Mehrere Hauptsätze werden meist durch eine Konjunktion verbunden.

1) *Puellae cantant,*	Die Mädchen singen,
nam laetae sunt.	denn sie sind fröhlich.
2) *Troiani moenia destruunt*	Die Trojaner zerstören die Stadtmauern
et equum in urbem trahunt.	und ziehen das Pferd in die Stadt.
3) *Nonnulli per vias ambulant,*	Einige gehen durch die Straßen spazieren,
nonnulli pila ludunt.	einige spielen Ball.

zu 1) Hier steht die Konjunktion *nam* nach einem Komma.

zu 2) Vor den Konjunktionen „und“ und „oder“ ist es freigestellt, ob ein Komma steht.

zu 3) Hier sind die zwei Hauptsätze nur durch das Komma getrennt. Eine Konjunktion wird in diesem Beispiel nicht verwendet.

▶ Übung 29:

Strukturiere diese Sätze.

a) Alii cantant, alii saltant.
b) Manlius arma arripit et urbem defendit.
c) Si pericula imminent, vates oraculum edunt, nam oracula homines adiuvant.
d) Latrones, quod praedam portant, lenti sunt et itaque custodes effugere non possunt.

alii ... alii - die einen ... die anderen; **saltare** - tanzen; **periculum**, i, n. - Gefahr; **vatis**, vatis, m. oder f. - Priester; **oraculum edere** - einen Orakelspruch herausgeben; **latro**, latronis, m. - Dieb, Räuber; **lentus**, a, um - langsam

Die Sinnrichtung eines Hauptsatzes bestimmen

Wird ein Hauptsatz durch eine Konjunktion eingeleitet, verrät dir diese, wie die beiden Hauptsätze zueinander in Beziehung stehen.

et	und	Verknüpfung
atque; ac	und	Verknüpfung
-que (angehängt)	und	Verknüpfung
aut	oder	Alternative
vel	oder	Alternative
at	aber	Gegensatz
sed	aber, sondern (nach Verneinung)	Gegensatz
autem	jedoch	Gegensatz
nam	denn	Grund

Satzreihen übersetzen

Bei Satzreihen übersetzt man einen Hauptsatz nach dem anderen. Gib den ersten Hauptsatz auch zuerst im Deutschen wieder. Beachte, dass die Hauptsätze dasselbe Subjekt (Beispiel 1) oder aber zwei verschiedene Subjekte haben können (Beispiel 2).

1) ***Tullia*** *per vias vadit* *et carmina laeta cantat.*	Tullia läuft durch die Straßen und singt fröhliche Lieder.
2) **Romani** diem festum habent *et* ***multi hospites*** *veniunt.*	Die Römer feiern ein Fest und viele Gäste kommen.

▶ Übung 30:

Übersetze die Sätze aus Übung 29. Achte dabei auf gutes Deutsch.

Appositionen erkennen

Appositionen ergänzen ein Substantiv, mit dem sie nach Kasus, Numerus und Genus übereinstimmen. Eine Apposition ist von Kommas eingerahmt und steht meistens direkt nach dem Beziehungswort. Von einem Nebensatz unterscheidet sich die Apposition vor allem dadurch, dass sie kein Prädikat enthält.

Dido, femina pulchra, Troianos in urbem invitat.

Troiani Didoni, feminae pulchrae, gratias agunt.

zu 1) Die Apposition *femina pulchra* steht im Nominativ Singular feminin, ebenso wie das Beziehungswort *Dido.*

zu 2) Die Apposition *feminae pulchrae* ergänzt *Didoni.* Beide Wörter sind Dativ Singular feminin.

Schwieriger wird es, wenn Appositionen in Nebensätze geschachtelt sind.

Aeneas, quamquam Didonem, feminam pulchram, amat, Carthaginem relinquere debet.

Die Apposition *feminam pulchram* ergänzt *Didonem*. Beachte die Satzstruktur:

Aenaes,		Carthaginem relinquere debet.	Hauptsatz
	quamquam Didonem,	amat,	Nebensatz
	feminam pulchram,		Apposition

Appositionen bestimmen

Bei einer Apposition erkennt man Kasus, Numerus und Genus. So kann man prüfen, welches das Beziehungswort ist.

Appositionen übersetzen

Eine Apposition gibt nähere Informationen zu ihrem Beziehungswort. Übersetze die Apposition und beachte dabei den Kasus.

Dido, femina pulchra,	Dido, eine schöne Frau,
Troianos in urbem invitat.	lädt die Trojaner in die Stadt ein.

Weitere Möglichkeiten zur Strukturierung eines Satzes

et – et	sowohl – als auch
nec – nec bzw. neque – neque	weder – noch
non modo – sed etiam	nicht nur – sondern auch
non solum – sed etiam	nicht nur – sondern auch
aut – aut	entweder – oder

All diese Wörter können entweder ganze Sätze oder aber nur einzelne Wörter bzw. Wortblöcke strukturieren.

1) Aut Tullia dormit aut laborat.	Entweder arbeitet Tullia oder sie schläft.
2) Tullia emit aut uvas aut olivas.	Tullia kauft entweder Trauben oder Oliven.

zu 1) Hier sind die zwei Hauptsätze „Sie schläft." und „Sie arbeitet." als Alternativen gegeben.

zu 2) In diesem Beispiel werden Trauben und Oliven als Alternativen benannt. Die Konstruktion *aut ... aut* bezieht sich auf diese beiden Akkusativobjekte.

▶ Übung 31:

Strukturiere und übersetze.

a) Orator, vir praeclarus, orationem habet, sed multitudo non applaudit, nam verba vana non credit.
b) Servi, quamquam diu laborant, hodie neque olivas neque uvas ad horreum portant.
c) Aut me adiuvas aut laborem numquam finire possumus.
d) Tempestas, quod non solum arbores caedit, sed etiam frumentum delet, hominibus perniciei est.

praeclarus, a, um - berühmt; **vanus**, a, um - leer, unglaubwürdig; **uva**, ae, f. - Traube; **horreum**, i, n. - Scheune

Übersetzungstext

Einst belagerte der etruskische König Porsenna die Stadt Rom. Die Römer befanden sich in einer aussichtslosen Lage, sodass sie Porsenna als Friedensangebot einige junge Leute als Geiseln überließen.

Quod Porsenna, rex Etruscus, Romam obsidet, frumentum civibus Romanis deficit. Itaque legati ad Porsennam veniunt: „Pacem petimus!" Porsenna respondet: „Vos obsides datis et ego milites reduco." Tum Romani nonnullos iuvenes et virgines obsides* dant. Etiam Cloelia, virgo nobilis, inter obsides est. Cloelia autem non solum e castris effugit, sed etiam alios obsides liberat.

Tum Porsenna fugam cognoscit poscitque: „Aut Cloelia redit aut pacem rumpo." Itaque Cloelia sua sponte in castra redit. Porsenna audaciam laudat atque virginem Romam remittit. Ibi Romani feminae statuam equestri constituunt.

Etruscus, a, um - etruskisch; **obsidere** - belagern; **deficere** - ausgehen, zu fehlen beginnen; **pax**, pacis, f. - Frieden; **obses**, obsidis, m. und f. - Geisel; **reducere** - zurückziehen; **virgo**, virginis, f. - junge Frau; **nobilis** - adlig; **cognoscere** - bemerken; **poscere** - fordern; **rumpere** - brechen; **sua sponte** - freiwillig, aus eigenem Antrieb; **audacia**, ae, f. - Mut; **statua equestri** - Reiterstandbild, Reiterstatue; **constituere** - errichten, aufstellen; * übersetze: als Geiseln

Baustein 9: Fragen, Ausrufe und Befehle

Bisher ging es nur um Aussagesätze. In lateinischen Texten tauchen aber auch andere Satzarten auf, die Besonderheiten bei der Übersetzung haben.

Fragen erkennen

Am Fragezeichen kannst du eine Frage ganz einfach erkennen. Fragen haben aber noch weitere Merkmale. Je nach Art der Frage findest du außerdem eine Fragepartikel, ein Interrogativpronomen oder ein Frageadverb.

Fragen bestimmen

Grundsätzlich unterscheidet man zwei Arten von Fragen: Satzfragen und Wort- oder Ergänzungsfragen.

Satzfragen

Diese Art der Fragen dient dazu, vom Befragten Zustimmung oder Ablehnung zu bekommen. Mögliche Antworten sind also „ja" oder „nein". Diese Fragen sind einem Aussagesatz sehr ähnlich. Lediglich durch das Fragezeichen am Schluss und / oder ein angehängtes *-ne* unterscheiden sie sich von einem Aussagesatz. Das *-ne* ersetzte im alten Rom das Fragezeichen. Diese Endung wird an das Wort angehängt, für das man Zustimmung oder Ablehnung erfragen möchte. Meist ist es das Verb.

Fragen mit dieser Fragepartikel sind neutral; die Antworten „ja" und „nein" sind für den Fragenden also gleich wahrscheinlich.

Anders ist es bei Fragen, die durch die Wörter *num* oder *nonne* eingeleitet werden:

Fragt der Sprecher mit *num*, rechnet er mit einer negativen Antwort. Hat er die Frage mit *nonne* am Anfang gestellt, erwartet er eine positive Antwort, also Zustimmung.

Fragewort	**Übersetzung**	**erwartete Antwort**
-ne	?	ja / nein
num	etwa?	nein
nonne	etwa nicht?	ja, doch

Wort- oder Ergänzungsfragen

Diese Art der Frage wird durch ein Interrogativpronomen oder ein Frageadverb eingeleitet.

Mögliche Interrogativpronomen sind:

quis?	wer?
cuius?	wessen?
cui?	wem?
quem?	wen?
a quo?	von wem?

Frageadverbien fragen nach verschiedenen Dingen:

cur?	warum?	Grund
quomodo?	wie?	Umstand, Art und Weise
quando?	wann?	Zeit
ubi?	wo?	Ort
quo?	wohin?	Richtung, Ziel
unde?	woher?	Herkunft

Auf manche solcher Fragen kann man mit einem einzelnen Wort antworten (Beispiel 1), andere Fragen verlangen einen ganzen (Neben-)Satz als Antwort (Beispiel 2):

1) Quem vidis?	Wen siehst du? Mögliche Antwort: ***Plinium*** *video.* Ich sehe Plinius.
2) Cur in domo es?	Warum bist du im Haus? Mögliche Antwort: ***Quod pluit****, in domo sum.* Weil es regnet, bin ich im Haus.

▶ Übung 32:

Handelt es sich um eine Satzfrage oder eine Wort- oder Ergänzungsfrage?

a) Nonne me cognoscis?
b) Cur mihi non creditis?
c) Quando fratrem visitatis?
d) Ciceronem, oratorem praeclarum, cognoscitisne?

credere - glauben; **orator**, oratoris, m. - Redner; **praeclarus**, a, um - berühmt

Fragen übersetzen

Auch bei der Übersetzung einer Frage geht man vom Prädikat aus, ergänzt dann das Subjekt und schließlich gegebenenfalls die Objekte und / oder weitere Satzglieder.

Um Fehler zu vermeiden, kann man besonders bei längeren Satzfragen zuerst einen Aussagesatz formulieren und diesen erst im zweiten Schritt in eine Frage umwandeln. Hierbei rückt das Prädikat im Deutschen an die erste Stelle.

Docetne Philosophus bonus virtutes?

Hilfsübersetzung als Aussagesatz: Der gute Philosoph lehrt die Tugenden.

Umformulierung zum Fragesatz: Lehrt der gute Philosoph die Tugenden?

Bei Fragen, die durch ein Interrogativpronomen eingeleitet werden, muss man die Funktion beachten, die es im Fragesatz hat. *Quis* ist das Subjekt, *cui* bzw. *quem* ein Objekt. Entsprechend muss man diese Pronomen also bei der Übersetzung einbeziehen.

Quis virtutes docet?	Wer lehrt die Tugenden?
Quem vides?	Wen siehst du?

Fragen, die mit einem Frageadverb eingeleitet werden, kann man zur Vereinfachung auch erst als Aussagesätze übersetzen, um schließlich das Frageadverb mit einzubeziehen und so eine Ergänzungsfrage zu bilden. Das deutsche Prädikat nimmt – nach dem Frageadverb – die zweite Position ein.

Cur Philosophus bonus virtutes docet?

Hilfsübersetzung als Aussagesatz: Der gute Philosoph lehrt die Tugenden.

Umformulierung zum Fragesatz: Warum lehrt der gute Philosoph die Tugenden?

▶ Übung 33:

Übersetze die Fragesätze aus Übung 32.

Ausrufe erkennen

Den Ausruf im Akkusativ hast du im Baustein 4 kennengelernt.

Eine besondere Form der Ausrufe stellen die Anreden dar. Im Lateinischen gibt es hierzu einen eigenen Kasus, den Vokativ. Der Vokativ ist meist identisch mit dem Nominativ. Es gibt aber zwei Ausnahmen:

- Namen (und andere Substantive oder Adjektive) der o-Deklination, die auf -us enden, enden im Vokativ auf -e.
- Namen (und andere Substantive oder Adjektive), die auf -ius enden, enden im Vokativ auf -i.

Nominativ	Vokativ
Marc**us** Publ**ius**	Marc**e** Publ**i**

Ausrufe übersetzen

Der Ausruf im Akkusativ wird mit dem Nominativ übersetzt.

Me miserum! Ich Armer!

Der Vokativ wird mit dem Nominativ ins Deutsche übersetzt, auch wenn der Vokativ in der Form abweicht.

Salve Marce! Sei gegrüßt, Marcus!
(nicht: Sei gegrüßt, Marce!)

Befehle erkennen

Befehle haben – wie die Ausrufe – auch ein Ausrufezeichen am Ende. Befehle enthalten aber ein Prädikat, das im Imperativ steht. Sowohl im Deutschen als auch im Lateinischen gibt es eine Befehlsform, den sogenannten Imperativ. Der Imperativ ist eine Form des Verbs.

Der Imperativ Singular entspricht dem Wortstamm. Bei der konsonantischen und der gemischten Konjugation wird ein *-e* an den Stamm angefügt.

Lauda! Tace! Cape!

Der Imperativ Plural weist die Endung *-te* auf.

Laudate! Tacete! Capite!

Befehlsformen bestimmen

Der Imperativ ist einer von drei Modi des Verbs (vergleiche Baustein 1). Beim Imperativ unterscheidet man den Imperativ Singular und den Imperativ Plural. Person, Tempus und Genus Verbi kann man bei Imperativen jedoch nicht bestimmen.

Befehle übersetzen

Der lateinische Imperativ wird mit der deutschen Befehlsform wiedergegeben:

Tace! Schweig! *Tacete!* Schweigt!

Beachte, dass nicht immer der ganze Satz ein Imperativ ist, sondern der Befehl auch mit einem Nebensatz erweitert sein kann.

Crede mihi, Glaube mir,
quod veritatem dico! weil ich die Wahrheit sage!

Hier ist *crede* ein Imperativ, die vordere Satzhälfte ist also ein Befehl. Der zweite Satzteil ist jedoch ein kausaler Nebensatz.

▶ Übung 34:

Übersetze.

a) Heu, me miserum! Cur fatum tam durum est?
b) Cato semper postulat: „Delete Carthaginem aut Carthago nos delet!"
c) Salve, Sexte! Nonne me, amicum veterem, cognoscis?

fatum, i, n. - Schicksal; **durus**, a, um - hart; **postulare** - fordern; **delere** - zerstören; **vetus**, veteris - alt; **cognoscere** - erkennen

Übersetzungstext

Pater et filius: Salve, Plini!

Plinius: Salvete, amici! (ad puerum) Studesne?

Puer: Sic est.

Plinius: Ubi studes?

Puer: Mediolani studeo.

Plinius: Cur non hic scholam visitas? Cur patriam relinquis?

Pater: Filius meus Mediolani studet, quia hic nullos praeceptores habemus.

Plinius (etiam ad parentes circumstantes): Estne verum? Parentes, quare pecuniam non colligitis et praeceptores conducitis? Facilis est. Nunc pecuniam impeditis in habitationes et in viatica. Etiam ego, quamquam liberos non habeo, tertiam partem libenter do et scholam localem adiuvo. Ubi enim liberi iucundius atque melius discere possunt? Proinde consentite, parentes! Colligite pecuniam! Eligite praeceptores bonos! Tum filii libenter hic student.

studere - studieren; **Mediolani** - in Mailand; **schola**, ae, f. - Schule; **praeceptor**, praeceptoris, m. - Lehrer; **circumstantes** - die in der Nähe stehenden; **conducere** - anstellen; **pecuniam impedire in** - Geld ausgeben für; **habitatio**, habitationis; f. - Wohnung; **viaticum**, i, n. - Reisegeld; **tertiam partem dare** - den dritten Teil geben, einen Zuschuss geben; **localis** - vor Ort, örtlich; **iucundius atque melius** - angenehmer und besser; **proinde** - also; **consentire** - zusammenwirken, zusammenarbeiten; **eligere** - auswählen

Baustein 10: Der Ablativ

Der Ablativ ist der 5. Fall in der lateinischen Sprache. Weil es im Deutschen keinen Ablativ gibt, ist eine wörtliche Übersetzung nicht möglich. Üblicherweise kommt der Ablativ in adverbialen Bestimmungen vor. Da es verschiedene semantische Funktionen gibt, werden diese Ablative unterschiedlich übersetzt.

Eine adverbiale Bestimmung im Ablativ erkennen

Ob ein Nomen im Ablativ steht, erkennt man an den charakteristischen Kasusendungen. Die Endungen des Ablativs sind aber oft nicht eindeutig.

Diese Tabelle zeigt dir, bei welchen Ablativendungen Verwechslungsgefahr besteht:

		Kasusendung des Ablativs	Verwechslung möglich mit…
a-Deklination	Singular	-a	Nominativ Singular (wenn keine Längenstriche stehen)
	Plural	-is	Dativ Plural
o-Deklination	Singular	-o	Dativ Singular
	Plural	-is	Dativ Plural
konsonantische Deklination	Singular	-e	-
	Plural	-ibus	Dativ Plural
e-Deklination	Singular	-e	-
	Plural	-ebus	Dativ Plural
i-Deklination	Singular	-i	Dativ Singular
	Plural	-ibus	Dativ Plural
u-Deklination	Singular	-u	-
	Plural	-ibus	Dativ Plural

Ein paar Tricks helfen dir, zu erkennen, ob du tatsächlich einen Ablativ gefunden hast:

- In der a-Deklination wird das *-a* des Nominativs Singular kurz gesprochen, das *-a* des Ablativs hingegen lang. Wenn das *-a* mit einem Längenstrich markiert ist (*-ā*) handelt es sich um einen Ablativ. Vorsicht: Nicht in allen Texten stehen solche Längenstriche!
- Der Ablativ steht nach charakteristischen Präpositionen: *e* bzw. *ex*, *a* bzw. *ab*, *de*, *cum*.
- Ob es sich um einen Ablativ handelt, wird aus dem Zusammenhang klar. Probiere, wenn nötig, verschiedene Übersetzungen aus.

Eine adverbiale Bestimmung im Ablativ bestimmen

Adverbiale Bestimmungen im Ablativ können verschiedene semantische Funktionen haben. Häufig kannst du diese schon vor der Übersetzung eindeutig bestimmen. Bei einigen semantischen Funktionen steht der Ablativ immer nach einer Präposition.

ablativus ...	**Bedeutung**	**antwortet auf die Frage**	Präposition	Beispiel
sociativus	Begleitung	Mit wem? Mit was?	Cum cum	*cum amico* – mit dem Freund *cum tabula* – mit der Tafel
loci	Ort	Wo?	in	*in horto* – im Garten *illo loco* – an diesem Ort
separativus	Trennung	Woher? Wovon weg?	e / ex a / ab de	*ex urbe* – aus der Stadt (heraus)
temporis	Zeit Zeitumstand	Wann? Unter welchen (Zeit-) Umständen?	in	*autumno* – im Herbst *in bello* – im Krieg
instrumenti	Mittel, Werkzeug	Womit? Wodurch?	-	*gladio vulnerare* – durch das Schwert verletzen
modi	Art und Weise	Wie? Auf welche Weise?	-	*clementia tractare* – mit Milde behandeln

▶ Übung 35:

Finde die adverbialen Bestimmungen im Ablativ in den folgenden Sätzen. Bestimme die semantische Funktion und die jeweils zugehörige Frage.

a) Die festo Romani celebrant, cantant, laeti sunt.
b) Victores cum praeda in patriam redeunt.
c) Poeta voce clara carmina foro Romano recitat.
d) Aeneas cum paucis comitibus fidis Troiam navibus fugit.
e) Servus e Phrygia provincia venit.

festus, a, um - festlich, Fest-; **praeda**, ae, f. - Beute; **clarus**, a, um - hell; **forum Romanum** - Marktplatz; *das Forum Romanum*; **recitare** - vortragen; **naves**, navis, f. - Schiff; **Phrygia** - Phrygien (römische Provinz)

Eine adverbiale Bestimmung im Ablativ übersetzen

Weil es im Deutschen keinen Ablativ gibt, ist eine wörtliche Übersetzung nicht möglich. Adverbiale Bestimmungen im Ablativ übersetzt man immer als Antwort auf die zugehörige Frage, je nach semantischer Funktion. Wenn die semantische Funktion noch nicht eindeutig bestimmt ist, probiere verschiedene Übersetzungen aus. Gehe ebenso vor, wenn du dir noch nicht sicher bist, ob es sich um einen Ablativ oder einen anderen Kasus handelt. Aus dem Zusammenhang wird die beste Übersetzung deutlich.

Aves arboribus sedent.

Übersetze zunächst Prädikat und Subjekt, außerdem gegebenenfalls weitere Satzglieder wie zum Beispiel Akkusativobjekte.

Aves *arboribus* ***sedent.*** Die Vögel sitzen.

Aves ***arboribus*** *sedent.*

Die Endung *-ibus* zeigt, dass es sich entweder um einen Dativ oder einen Ablativ handeln kann. Probiere nun verschiedene Übersetzungen aus.

So stellst du fest, dass *arboribus* kein Dativobjekt sein kann. Dann müsste *arboribus* die Frage beantworten „Wem oder was sitzen die Vögel?". Das ist jedoch unlogisch.

Prüfe dann verschiedene semantische Funktionen des Ablativs mit den entsprechenden Fragen, zum Beispiel „Womit?" (*ablativus instrumenti*) oder „Wann?" (*ablativus temporis*).

Das Wort *arboribus* antwortet auf die Frage: „Wo?". Es handelt sich um einen *ablativus loci*. Übersetze *arboribus* also als Antwort auf die Frage „Wo?".

Aves ***arboribus*** *sedent.* Die Vögel sitzen **auf den Bäumen**.

▶ Übung 36:

Übersetze die Sätze aus Übung 35.

Weitere Funktionen des Ablativs

Einige Verben werden grundsätzlich mit dem Ablativ konstruiert.

abhorrere a	etwas verabscheuen, vor etwas zurückschrecken
carere	etwas entbehren, vermissen
egere	etwas entbehren, nötig haben
indigere	etwas brauchen, nötig haben
prohibere a	hindern an etwas

Hier wird der Ablativ nicht als Antwort auf eine Frage, sondern zum Beispiel wie ein Akkusativobjekt übersetzt. Orientiere dich bei der

Übersetzung am Verb und entscheide, was für eine Ergänzung / ein Objekt es fordert.

Milites latrones ***a fuga prohibent***. Die Soldaten **hindern** die Diebe **an der Flucht**.

▶ Übung 37:

Übersetze.

a) Clamor nocturnus cives a somno prohibet.
b) Bello multi homines pauperes cibo egent.
c) Quis non abhorret a bello?

clamor, clamoris, m. - Lärm; **nocturnus**, a, um - nächtlich, in der Nacht; **somnus**, i, m. - Schlaf; **pauper** - arm; **cibus**, i, m. - Nahrung

Übersetzungstext

Aesopus fabulam de corvo et vulpe narrat:

Corvus partem casei invenit et rostro tollit. Ad arborem volat atque ramo alto considit. Ibi vulpes corvum cum caseo vidit. Vulpes secum cogitat: „Egeo cena et caseum valde amo." Itaque dolum componit. Corvum verbis astutis decipit: „Tu avis magnifica es! Estne etiam vox tua tam pulchra? Canta et me excita voce tua!" Cum corvus cantare incipit et rostrum aperit, caseus e rostro cadit. Vulpes caseum capit et comest. De corvo stulto magna cum voce ridet.

Aesopus - Äsop *(Autor von zahlreichen Fabeln)*; **corvus**, i, m. - Rabe; **vulpes**, vulpis, f. - Fuchs; **pars**, partis, f. - Stück, Teil; **caseus**, i, m. - Käse; **rostrum**, i, n. - Schnabel; **tollere** - aufheben; **ramus**, i, m. - Zweig, Ast; **dolus**, i, m. - List; **astutus**, a, um - listig; **avis**, avis, f. - Vogel; **magnificus**, a, um - prächtig; **vox**, vocis, f. - Stimme; **excitare** - begeistern; **cum** - als; **aperire** - öffnen; **stultus**, a, um - dumm, töricht

Baustein 11: Das Genitivattribut

Der Genitiv ist der zweite Fall. Er antwortet auf die Frage „Wessen?“. Der Genitiv wird meist als Attribut verwendet, das heißt, er gibt weitere Informationen zu einem Satzglied.

Ein Genitivattribut erkennen

Genitive erkennt man an den Kasusendungen. Ein Genitivattribut kann sich auf verschiedene Satzglieder beziehen. Es steht in der Regel direkt nach dem Wort, zu dem es nähere Informationen gibt. Das Genitivattribut beantwortet die Frage „Wessen?“.

Magister filios ***senatorum*** *docet.* Der Lehrer unterrichtet die Söhne **der Senatoren**.

Das Wort *senatorum* antwortet also auf die Frage „Wessen Söhne unterrichtet der Lehrer?“.

Attribut zum Subjekt

Filia imperatoris urbem novam condit. Die Tochter des Feldherrn gründet eine neue Stadt.

Attribut zu einem Objekt

Magister filios senatorum docet. Der Lehrer unterrichtet die Söhne der Senatoren.

Attribut zum Prädikatsnomen

Iuppiter pater Veneris deae est. Jupiter ist der Vater der Göttin Venus.

Attribut zur adverbialen Bestimmung im Ablativ

Cives ex domis urbis properant. Die Bürger eilen aus den Häusern der Stadt.

▶ Übung 38:

Finde die Wörter im Genitiv und ordne zu, ob es sich um ein Attribut zum Subjekt, Objekt oder zu einer adverbialen Bestimmung handelt! Bestimme dazu die übrigen Satzglieder.

a) Fortitudo ducis milites timidos confirmat.
b) Dux timorem militum superat.
c) Sine exemplo ducis milites non pugnant.
d) Quamquam dux milites fortitudine adiuvat, terrorem belli deminuere non potest.

> **fortitudo**, fortitudinis, f. - Tapferkeit; **dux**, ducis, m. - Anführer, Feldherr; **superare** - überwinden, besiegen; **exemplum**, i, n. - Vorbild, Beispiel; **deminuere** - mindern, verringern

Ein Genitivattribut bestimmen

Wie alle Nomen lassen sich Genitivattribute nach Kasus, Numerus und Genus bestimmen.

Ein Genitivattribut übersetzen

Beim Genitiv unterscheidet man den genitivus possessivus, den genitivus subiectivus und den genitivus obiectivus.

genitivus possessivus

Der ***genitivus possessivus*** gibt den Besitzer an. Übersetze zunächst das Beziehungswort und übersetze den Genitiv dann wörtlich als Antwort auf die Frage „Wessen?“

equus puellae	das Pferd des Mädchens (Wessen Pferd?)
liber Tulliae	Tullias Buch (Wessen Buch?)

Auch diese Übersetzungen sind gebräuchlich:

liber Quinti	das Buch **von Quintus** oder: Quintus‘ Buch

▶ Übung 39:

Übersetze die Sätze aus Übung 38.

Manchmal ist es möglich, aus dem Genitivattribut und seinem Beziehungswort ein Wort zu machen.

nuntius deorum	der Götterbote (oder: der Bote der Götter)

genitivus subiectivus

Der ***genitivus subiectivus*** gibt an, wer etwas tut oder etwas empfindet.

spes hominum	die Hoffnung der Menschen

Gemeint ist hier: Die Menschen hoffen. In diesem Satz ist „die Menschen“ das Subjekt, daher spricht man bei diesem Beispiel von einem *genitivus subiectivus*.

Der *genitivus subiectivus* wird – wie ein *genitivus possessivus* auch – wörtlich übersetzt.

genitivus obiectivus

Der ***genitivus obiectivus*** gibt an, auf wen oder was eine Handlung gerichtet ist.

timor tempestatis	die Angst **vor** dem Sturm

Hier ist gemeint: Jemand hat Angst vor dem Sturm. Bei der Übersetzung eines *genitivus obiectivus* braucht man eine Präposition.

amor	Liebe **zu** etwas / jemandem
cura	Sorge **um** etwas / jemanden
metus	Furcht, Angst **vor** etwas / jemandem
odium	Hass **auf** etwas / jemanden
spes	Hoffnung **auf** etwas / jemanden
studium	Bemühen **um** etwas / jemanden
timor	Furcht, Angst **vor** etwas / jemandem
victoria	Sieg **über** etwas / jemanden

Achtung: Man kann nicht immer sofort erkennen, ob es sich um einen *genitivus subiectivus* oder einen *genitivus obiectivus* handelt:

a) *timor magistri* = die Angst des Lehrers (= der Lehrer hat Angst; gen. *subiectivus*)
b) *timor magistri* = die Angst vor dem Lehrer (= jemand hat Angst vor dem Lehrer; gen. *obiectivus*)

Hier muss man aus dem Zusammenhang heraus entscheiden, was gemeint ist. Schau dir daher die Übersetzung der Genitive noch einmal an, nachdem du den gesamten Text übersetzt hast. Verändere deine erste Übersetzung, falls es nötig ist.

▶ Übung 40:

Übersetze als *genitivus subiectivus* und *genitivus obiectivus* und erkläre den Bedeutungsunterschied! Bei welchen Ausdrücken ist nur eine Übersetzung sinnvoll?

a) spes auxilii
b) odium fratris
c) metus cladis magnae
d) victoria gloriosa militum

e) amor Helenae pulchrae
f) cura vicinorum novorum
g) timor bestiarum

Übersetzungstext

Nachdem die Stadt Troja erobert wurde, machen sich die siegreichen Griechen um Odysseus (lateinisch *Ulixes*) auf den Heimweg. Für die Heimreise mit dem Schiff erbittet sich Odysseus Hilfe vom Gott Aeolus.

Post victoriam Troianorum nonnulli Graeci in patriam redire in animo habent. Ulixes Aeolum, deum ventorum, orat: „Aeole! Adiuva me et comites meos! Te oro, ventos vehementes a classe arce!"

Tum Aeolus Ulixi utrem gravem dat: „Intus omnes venti orbis terrarum sunt. Si ventos liberas, venti undas maris perturbant."

Classis iam oram patriae appropinquat, cum comites rogant: „Quid in utre inest?" Unus respondet: „Aurum regis Troiani in utre inest!" Statim comites utrem delent.

Quamquam vis undarum vires diu a patria prohibet, tamen numquam spem auxilii amittunt.

Troiani, Troianorum, m. - die Trojaner; **patria**, ae, f. - Vaterland; **in animo habere** - vorhaben, im Sinn haben; **Ulixes**, Ulixis - Odysseus; **ventus**, i, m. - Wind; **comes**, comitis, m. - Gefährte, Kamerad; **classis**, classis, f. - Flotte; **arcere** - fernhalten; **uter**, utris, m. - Schlauch; **intus** - darin; **orbis terrarum** - Erdkreis; **unda**, ae, f. - Welle; **mare**, maris, n. - Meer; **perturbare** - hier: aufwühlen; **appropinquare** - sich nähern; **cum** - als; **aurum**, i, n. - Gold; **Troianus**, a, um - trojanisch; **vis**, vis, f. - Kraft; **amittere** - verlieren, aufgeben

Baustein 12: Weitere Funktionen des Genitivs

Neben dem *genitivus possessivus*, *genitivus subiectivus* und *genitivus obiectivus* gibt es weitere Möglichkeiten, ein Wort im Genitiv einzusetzen. Hier soll es um den *genitivus partitivus*, den *genitivus qualitatis*, den Genitiv mit *esse* und Adjektive mit Genitiv gehen.

Einen Genitiv in einer anderen Funktion erkennen

Manchmal kannst du direkt erkennen, dass der Genitiv eine andere Funktion hat.

- Der Genitiv steht zusammen mit einer Form von *esse*.
- Bestimmte Adjektive werden mit dem Genitiv konstruiert.

Wenn du keinen solchen Hinweis findest, probiere zunächst die Übersetzung als *genitivus possessivus*, *subiectivus* und *obiectivus* aus (Baustein 11). Findest du keine passende Übersetzung, erfüllt der Genitiv eine andere Funktion.

▶ Übung 41:

Handelt es sich bei den unterstrichenen Wörtern um einen *genitivus possessivus*, *genitivus subiectivus*, *genitivus obiectivus* oder hat der Genitiv eine andere Funktion?

a) Plinius peritus <u>venationis</u> est.
b) Clamor <u>anserum</u> Manlium evocat.
c) <u>Oratoris</u> est verba apta eligere.

peritus, a, um - erfahren; **venatio**, venationis, f. - Jagd; **anser**, anseris, m. - Gans; **evocare** - aufwecken; **aptus**, a, um - geeignet; **eligere** - auswählen

Einen Genitiv in einer anderen Funktion bestimmen

Jedes Nomen im Genitiv kann nach Kasus, Numerus und Genus bestimmt werden, ganz egal welche Funktion es im Satz hat.

Einen Genitiv in einer anderen Funktion übersetzen

Wie ein Genitiv übersetzt wird, hängt von der Art des Genitivs ab.

genitivus partitivus

Der Genitiv bezeichnet das Ganze, von dem man einen Teil heraushebt.

pars regni	ein Teil des Königreichs

Das Ganze ist das Königreich (*regni*); es steht im Genitiv. *Pars* ist der besonders herausgehobene Teil und steht hier im Nominativ.

genitivus qualitatis

Der *genitivus qualitatis* bezeichnet eine Eigenschaft der Person oder Sache, auf die er sich bezieht.

philosophus magnae prudentiae	ein Philosoph von großer Klugheit
puella paucorum annorum	ein Mädchen von wenigen Jahren

Genitiv mit *esse*

Der Genitiv in Verbindung mit einer Form von *esse* gibt an, wessen Aufgabe es ist, etwas Bestimmtes zu tun.

Magistrorum est	Es ist Aufgabe / Pflicht / Sache / Angelegenheit
res bene explicare.	der Lehrer, die Dinge gut zu erklären.

▶ Übung 42:

Übersetze und ordne die Satzhälften passend zu!

a) Magistrorum est	1) patriam a hostis defendere.
b) Senatoris est	2) discipulos docere.
c) Militis est	3) frumentum serere et exarare.
d) Agricolarum est	4) rem publicam administrare.

miles, militis, m. - Soldat; **agricola**, ae, m. - Bauer; **frumentum**, i, n. - Getreide; **serere** - säen; **exarare** - ernten; **administrare** - verwalten

Adjektive mit Genitiv

Diese Adjektive werden mit dem Genitiv konstruiert:

cupidus	begierig
peritus	erfahren in
memor	eingedenk
particeps	teilhaftig
potens	mächtig
plenus	voll

Magister ***plenus laudis*** *est.* Der Lehrer ist **voll des Lobes**.

▶ Übung 43:

Übersetze.

a) linguae Latinae potens
b) plenus irae
c) particeps consilii

▶ Übung 44:

Übersetze die folgenden Sätze. Wie wurden die Genitive verwendet? Wo sind zwei Übersetzungen möglich?

a) Medici est homines aegrotos curare.
b) Caesar pars Galliae expugnat.
c) Romani victoriam hostium celebrant et imperatorem victoriosum valde laudant.
d) Amor Helenae pulchrae est causa belli Troiani.
e) Servi est totam diem laborare.
f) Plinius dormire non potest, nam cura liberti aegroti magna est.

aegrotus, a, um - krank; **hostis**, hostis, m. - Feind; **victoriosus**, a, um - siegreich; **causa**, ae, f. - Grund; **dormire** - schlafen

Übersetzungstext

Incolae Nemeae liber a curis non sunt, nam leo saevus, monstrum magnae ferociae, non solum greges sed etiam homines caedit. Itaque Eurysteus rex auxilium ab Hercule petit: „Viri fortis est, bestiam necare. Fini terrorem et libera nos a timore bestiarum!"

Hercules, quia peritus venationis est, statim leonem silva quaerit.

Am Abend trifft Herkules schließlich in einem Waldstück auf den Löwen. Herkules versteckt sich im Gebüsch und schießt einen Pfeil auf den Löwen. Doch der Pfeil prallt einfach am Fell des Löwen ab. Auch die weiteren Pfeile, die Herkules schießt, können den Löwen nicht verletzen.

Nullus sagittae in corpore leonis intrare potest. Subito bestia Herculem vidit. Virum adit. Hercules clavam ad caput leonis pellit. Monstrum cadit et antequam surgit, Hercules bestiam destrangulat.

Hercules pellem absolvere in animo habet, sed quis armorum pellem absolvere potest? Quod heros pellem nec gladio nec saxo absolvere potest, unguibus leonis facere debet.

Dehinc pellis leonis corpor Herculis ornat.

incola, ae, m. - Einwohner; **cura**, ae, f. - Sorge; **leo**, leonis, m. - Löwe; **saevus**, a, um - wild; **ferocia**, ae, f. - Grausamkeit; **grex**, gregis, m. - (Vieh-)Herde; **caedere** - töten; **Eurystheus** - Eurystheus (*König von Mykene*); **fortis** - tapfer, mutig; **necare** - töten; **venatio**, venationis, f. - Jagd; **silva**, ae, f. - Wald; **sagitta**, ae, f. - Pfeil; **clava**, ae, f. - Keule; **surgere** - sich erheben; **destrangulare** - erwürgen; **arma**, armorum, n. - Waffen; **heros** - Held, Halbgott; **saxum**, i, n. - Stein; **unguis**, unguis, m. - Kralle

Baustein 13: Der AcI

AcI steht für *accusativus cum infinitivo*, also Akkusativ mit Infinitiv. Der AcI ist eine sehr gebräuchliche Konstruktion im Lateinischen, die es so im Deutschen nicht gibt.

Einen AcI erkennen

Ein AcI hat immer drei Bestandteile. Schau, ob du diese drei Bestandteile in einem Satz findest:

Amicos venire videmus.

- Ein **übergeordnetes Verb** (*videmus*), von dem der AcI abhängig ist. Bei diesem Verb handelt es sich um eine finite Verbform.
  Ein AcI kann abhängig sein von

	Beispiele
Verben des Sprechens und Mitteilens	dicere, narrare, clamare, scribere, ...
Verben des Wissens und Denkens	scire, cogitare, ...
Verben der Wahrnehmung	videre, audire, sentire, ...
unpersönlichen Ausdrücken	constat

- Ein **Akkusativ**: *amicos*
- Ein **Infinitiv**: *venire*

▶ Übung 45:

Sortiere: Bei welchen dieser Verben muss man mit einem AcI rechnen? Von welchen Verben kann kein AcI abhängig sein?

scimus – aratis – constat – saliunt – scribo – audis – curro – pugnatis – vident – properat – dicit – narras

Verwechslungsgefahr besteht insbesondere bei Sätzen mit Modalverben, nach denen ja auch immer ein Infinitiv steht (vergleiche Baustein 1). Nach Modalverben kann jedoch nie ein AcI stehen.

▶ Übung 46:

Handelt es sich um einen AcI?

a) Notarii magna cura scribere debent.
b) Vir peregrinus Romam ardere narrat.
c) Lucullus cenam bonam esse gaudet.

Die Bestandteile eines AcI bestimmen

Das übergeordnete Prädikat wird wie jedes andere Prädikat auch nach den fünf Kriterien des Verbs bestimmt.

Beim Akkusativ erkennt man den Numerus.

Der Infinitiv ist nur teilweise nach den Aspekten des Verbs einzuordnen. Man kann die Zeit bestimmen (mehr dazu in Baustein 20), außerdem ob es sich um einen Infinitiv Aktiv oder Passiv handelt.

Einen AcI übersetzen

Manchmal ist eine wörtliche Übersetzung möglich. Dies gilt nur dann, wenn der AcI von den Verben *videre*, *audire* oder *sentire* abhängig ist, da nur nach diesen der deutsche AcI stehen kann.

Amicos venire videmus. Wir sehen die Freunde kommen.

Hier wird zunächst das übergeordnete Verb übersetzt, anschließend der Akkusativ als Antwort auf die Frage „Wen oder was?“ und der Infinitiv als Infinitiv.

Bei einem von einem anderen Verb abhängigen AcI besteht die Möglichkeit zu dieser direkten Übersetzung jedoch nicht. Dann muss man auf eine Übersetzung mit einem dass-Satz zurückgreifen.

Aurum splendere constat.	

Übersetze dann zuerst den übergeordneten Satz:

Aurum splendere ***constat.***	Es steht fest.

Daran hängst du das Wort „dass“ an. Es steht fest, dass ...

Der Akkusativ wird zum Subjekt im deutschen dass-Satz; daher muss man den Akkusativ mit dem Nominativ übersetzen. Der Infinitiv wird zum Prädikat des dass-Satzes. Man muss also eine finite Verbform bilden, die zum Subjekt des dass-Satzes passt.

Aurum splendere constat.	Es steht fest, dass Gold glänzt.

Auch jeden AcI, der sich wörtlich wiedergeben lässt, kann man mit einem dass-Satz übersetzen. Mit dieser Art der Übersetzung ist man also auf der sicheren Seite.

Amicos venire videmus.	Wir sehen, dass die Freunde kommen.

Erweiterungen des AcI und des übergeordneten Satzes

Sowohl der AcI selbst als auch der übergeordnete Satz können mit weiteren Satzgliedern ergänzt werden. Achte hier darauf, ob diese Satzglieder in den Hauptsatz oder in den Nebensatz („dass-Satz“) gehören.

Regel: Alles was zwischen dem Akkusativ und dem Infinitiv eingerahmt ist, gehört in den AcI (also in den dass-Satz).

Was außerhalb von Akkusativ und Infinitiv steht, ist Bestandteil des übergeordneten Satzes.

Vergleiche hierzu die beiden Beispielsätze:

Nuntius naves ***hodie*** *advenire dicet.*	Bote sagt, dass **heute** Der Schiffe ankommen.

Nuntius ***hodie*** *naves advenire dicet.*	Der Bote sagt **heute**, dass Schiffe ankommen.

Ist im AcI ein Akkusativobjekt enthalten, darf man sich nicht verwirren lassen.

Subjektsakkusativ und Objektsakkusativ

Consul epistulam scribit.	Der Konsul schreibt einen Brief.

In diesem Satz ist *consul* das Subjekt und *epistulam* eindeutig als Akkusativobjekt zu erkennen.

erkennen.

Consulem epistulam scribere scimus.	Wir wissen, dass der Konsul einen Brief schreibt.

Im AcI erkennt man das nicht auf den ersten Blick, da *consulem* nun ebenfalls im Akkusativ steht. *Consulem* ist der Subjektsakkusativ, da dieses Wort im dass-Satz die Wertigkeit des Subjektes hat. Innerhalb des dass-Satzes ist *epistulam* das Objekt, daher spricht man hier von einem Objektsakkusativ. Bei der Übersetzung eines AcI, der mit einem Akkusativobjekt erweitert ist, muss man sich nach dem logischen Subjekt und dem logischen Objekt fragen. *Epistulam* kommt als Subjekt nicht in Frage („Der Brief schreibt den Senator." ist unlogisch).

In aller Regel steht der Subjektsakkusativ vor dem Objektsakkusativ. Außerdem wird meist aus dem Zusammenhang klar, welches der Subjekts- und welches der Objektsakkusativ ist.

Anpassung des Prädikatsnomens

Arca vacua est.	Die Kiste ist leer.

Arca ist das Subjekt des Satzes, *vacua* das Prädikatsnomen. Subjekt und Prädikatsnomen müssen in Kasus, Numerus und Genus übereinstimmen.

Im AcI ist das auch so:

Arcam vacuam esse videmus.	Wir sehen, dass die Kiste leer ist.

Das Prädikatsnomen ist im Kasus an den des Subjektsakkusativs angepasst, also auch ein Akkusativ. Übersetzt werden der Subjektsakkusativ und das Prädikatsnomen als Nominativ.

▶ Übung 47:

Übersetze.

a) Canes vicini latrare audimus.
b) Quamquam Cassandra veritatem dicit, Troiani urbem magno in periculo esse non credunt.
c) Cur Romanos Carthaginem delere semper postulas, Cato?

vicinus, i, m. - Nachbar; **latrare** - bellen; **Cassandra** - Kassandra (*trojanische Seherin*); **periculum**, i, n. - Gefahr; **postulare** - fordern

Übersetzungstext

Cicero gegen Antonius

Nachdem Julius Caesar ermordet worden war, bemühte sich Marcus Antonius darum, die führende Position im Staat einzunehmen. Der Politiker und Redner Marcus Tullius Cicero empfand Antonius jedoch als Bedrohung für die Römische Republik. Mit einer seiner Reden, der 4. Philippica, will er erreichen, dass die Volksversammlung Antonius ebenfalls als Staatsfeind ansieht.

Quirites! Multos convenire laudo, nam rem publicam defendere debemus. Audite senatum Antonium, consulem prestium, hostem appelare! Vero!

Antonius aerarium exhaurit, concordiam civium delet, senatum delet. Ne a caedis quidem Antonius abhorret. Sanguis civium Romanorum manuus Antonii cruentat.

Et Octavianus et Legio Martis hostem officiunt. Maiores Martem deum Legionem Martis et cives Romanos semper adiuvare narrant. Quo modo de voluntate deorum dubitare possumus?

Senatus Antonium hostem esse dicit. Ego etiam Antonium bestiam esse dico. Acclamatio vos consentire demonstrat. Rem publicam defendere debemus! Antonium oppugnare debemus!

Quirites - Quiriten (*Anrede für das Römische Volk*); **senatus**, senatus, m. - Senat; **prestius**, a, um - ehemalig; **vero** - in der Tat, wirklich; **aerarium**, i, n. - Staatskasse; **exhaurire** - plündern; **ne ... quidem** - nicht einmal; **caedis**, caedis, f. - Mord; **sanguis**, sanguinis, m. - Blut; **manuus** (Akkusativ Plural) - die Hände; **cruentare** - beflecken; **Legio Martis** - die Marslegion; **officere** (mit Akkusativ) - entgegentreten; **maiores** - die Vorfahren (des römischen Volkes); **Mars deus** - der Gott Mars; **voluntas**, voluntatis, f. - Wille; **acclamatio**, acclamationis, f. - Beifall; **oppugnare** - bekämpfen

Baustein14: Perfekt und Plusquamperfekt

Die Zeit (Fachbegriff: Tempus) ist eine Eigenschaft des Verbs. Bisher wurde in diesem Buch nur das Präsens (Gegenwart) verwendet. Es gibt aber noch weitere Zeiten. Möchte man eine Aussage über die **Vergangenheit** machen, wählt man eine der folgenden Zeiten:

Perfekt, **Plusquamperfekt** oder **Imperfekt** (Imperfekt siehe Baustein 15)

Perfektformen erkennen

Das Perfekt ist das lateinische Erzähltempus. Die Formen des Perfekt Indikativ Aktiv setzen sich aus dem Perfektstamm und der Personalendung zusammen. Die Personalendungen sind nicht die gleichen wie beim Präsens, sondern lauten:

	Singular	Plural
1. Person	-i	-imus
2. Person	-isti	-istis
3. Person	-it	-erunt

audiv - i ich hörte

trax - istis ihr habt gezogen

Manche unregelmäßige Verben unterscheiden sich im Perfektstamm deutlich von den Formen im Präsensstamm. Betrachte dazu die Stammformen der Verben. Die vier Stammformen sind:

1. der Infinitiv Präsens Aktiv
2. die 1. Person Singular Präsens Indikativ Aktiv
3. die 1. Person Singular Perfekt Indikativ Aktiv
4. das Partizip Perfekt Passiv

Die ersten beiden Formen geben dir den Präsensstamm eines Verbs an, die dritte Form verrät dir den Perfektstamm.

ferre, fero, tuli, latum

▶ Übung 48:

Wiederhole die Stammformen der Verben *ferre*, *esse*, *agere* und *posse*. Ordne anschließend die folgenden Wörter dem jeweiligen Infinitiv zu.

tulisti – sum – egimus – fuistis – potuit – possunt – fero – es – ferimus – agis – egerunt

Perfektformen bestimmen

Auch hier kannst du eine Bestimmung nach den fünf Aspekten einer finiten Verbform vornehmen (vergleiche Baustein 1). Bestimme also auch ein Prädikat im Perfekt nach Person, Numerus, Tempus, Modus und Genus Verbi.

▶ Übung 49:

Bestimme diese Formen (vergleiche Baustein 1).

Aspekte des Verbs

Informationen, die man aus dem Verb bekommt

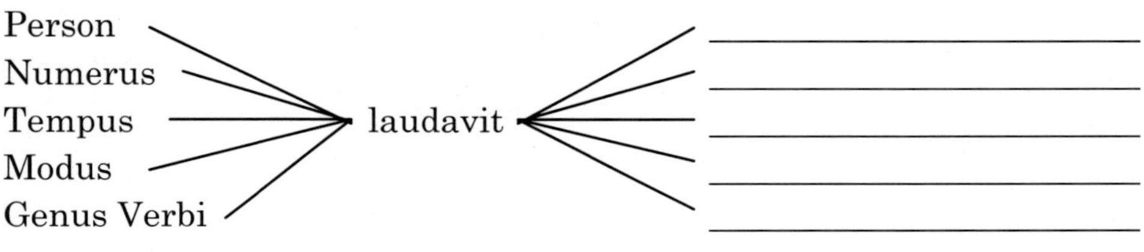

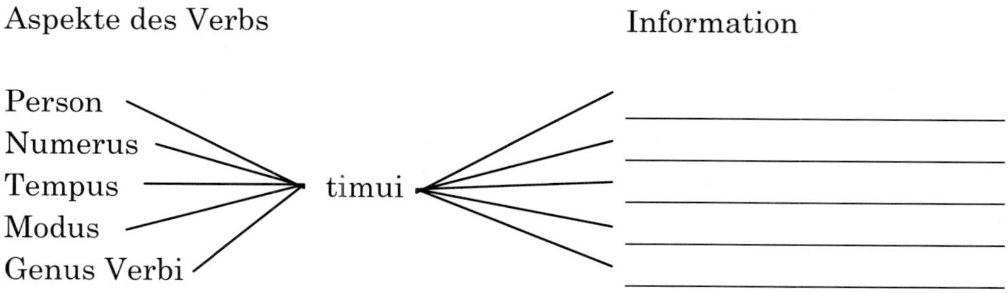

Perfektformen übersetzen

Das Perfekt wird im Lateinischen gebraucht, um von Handlungen zu berichten, die in der Vergangenheit einmalig stattgefunden haben und abgeschlossen wurden. Meist wird das lateinische Perfekt mit dem deutschen Präteritum übersetzt.

*Cornelia carmen **cantavit**.* Cornelia **sang** ein Lied.

Vor allem bei der Übersetzung von wörtlicher Rede kannst du das Perfekt aber auch mit dem deutschen Perfekt wiedergeben.

*Cornelia carmen **cantavit**.* Cornelia **hat** ein Lied **gesungen**.

Plusquamperfektformen erkennen

Im Plusquamperfekt werden Handlungen angegeben, die schon vor einem anderen Ereignis in der Vergangenheit stattgefunden haben. Das Plusquamperfekt Indikativ Aktiv setzt sich aus dem Perfektstamm und der Personalendung zusammen. Die Personalendungen sind:

	Singular	Plural
1. Person	-eram	-eramus
2. Person	-eras	-eratis
3. Person	-erat	-erant

spectav - eramus	wir hatten gesehen
ed - erant	sie hatten gegessen

Plusquamperfektformen bestimmen

Verben im Plusquamperfekt können ebenfalls nach den fünf Kategorien des Verbs bestimmt werden (vergleiche Baustein 1).

▶ Übung 50:

Bestimme diese Wörter nach Person, Numerus, Tempus, Modus und Genus Verbi.

a) audiveramus
b) interrogaverunt
c) vocaverant

Plusquamperfektformen übersetzen

Das lateinische Plusquamperfekt wird mit dem deutschen Plusquamperfekt übersetzt.

Gladiaturas ***spectaveramus***.	Wir **hatten** die Gladiatorenkämpfe **gesehen**.
Multi milites ante Troiam ***ceciderant***.	Viele Soldaten **waren** vor Troja **gefallen**.

Das Plusquamperfekt wird verwendet, um von Handlungen zu berichten, die noch vor einem anderen Ereignis in der Vergangenheit stattgefunden haben.

Denique Graeci Troiam ***delevit***.	Schließlich zerstörten die Griechen Troja.
Antequam decem annos ante Troiam ***pugnaverant***.	Zuvor hatten sie zehn Jahre vor Troja gekämpft.

Die Zerstörung Trojas hat in der Vergangenheit stattgefunden. *Delevit* ist daher eine Perfektform. Noch vor der Zerstörung haben die Griechen gekämpft. Daher steht das Wort *pugnaverant* im Plusquamperfekt.

▶ Übung 51:

Übersetze. Achte dabei auf das Tempus, es kommen nicht nur Zeiten der Vergangenheit vor!

a) Manlius urbem Romam defensit. Antequam anseres Manlium evocaverant.
b) Avum saepe visito.
c) Quod tempestas bona fuit, tonsor in loco publico laboravit.

defendere, denfendo, defendi - verteidigen; **anser**, anseris, m. - Gans; **avus**, i, m. - Großvater; **tempestas**, tempestatis, f. - Wetter; **tonsor**, tonsoris, m. - Frisör; **publicus**, a, um - öffentlich

Übersetzungstext

Midas war der König von Phrygien. Er hatte Silenus, den weisen Lehrer des Gottes Bacchus, gefangen genommen, um ebenfalls große Weisheit zu erlangen. Bacchus vermisste seinen Lehrer so sehr, dass er Midas einen Wunsch gewährte, nachdem dieser Silenus wieder befreit hatte.

Quod Midas Silenum e captivitate liberaverat, Bacchus deus regem Phrygiae rogavit: „Gratias tibi ago. Quid cupis?" Midas: „Manuus meas omnia in aurum mutare cupio." Statim deus optationis adnuit. Saxum in aurum mutavit, quod Midas saxum tetigerat. Arbor in aurum mutavit, quod Midas arborem tetigerat. Totum diem Midas se valde de donum dei gaudet. Vespere autem fames sitisque regem vexant. Midas pomum captavit, sed pomum in aurum mutavit. Olivam captavit, sed etiam olivam in aurum mutavit. Valde terruit, itaque a deo Baccho petivit: „Libera me a dono malo! Quo modo malum effugere possum?" Tum deus respondit atque auxilium promisit. Quod rex paulo post in aquam Pactoli nataverat, Bacchus donum recipuit et vitam regis ita servavit.

captivitas, captivitatis, f. - Gefangenschaft; **gratias agere** - danken; **manus**, manus, f. - Hand; **omnia** - alles; **aurum**, i, n. - Gold; **mutare** - sich verwandeln; **optationis adnuere** - einen Wunsch gewähren; **saxum**, i, n. - Fels; **tangere**, tango, tetigi, tactum - berühren; **arbor**, arboris, f. - Baum; **donum**, i, n. - Geschenk; **vespere** - am Abend; **fames**, famis, f. - Hunger; **sitis**, sitis, f. - Durst; **pomum**, i, n. - Apfel; **oliva**, ae, f. - Olive; **malum**, i, n. - Übel; **auxilium**, i, n. - Hilfe; **promittere**, promitto, promisi, promissum - versprechen; **Pactolus**, i, m. - der Fluss *Pactolus*; **natare** - schwimmen; **recipere**, recipeo, recipui, recipitum - zurücknehmen

Baustein 15: Imperfekt

Neben dem Perfekt und dem Plusquamperfekt steht noch ein weiteres Tempus zur Verfügung, um eine Aussage über die Vergangenheit zu machen. Das Imperfekt wird für länger andauernde, wiederkehrende oder versuchte Handlungen benutzt.

Imperfektformen erkennen

Im Indikativ setzen sich die Imperfekt-Formen eines Verbs aus dem Präsensstamm, dem Tempuskennzeichen *-(e)ba* und der Personalendung zusammen. Die Personalendungen sind die gleichen wie im Präsens, nur bei der ersten Person Singular steht ein *-m* statt einem *-o*.

	Singular	Plural
1. Person	-(e)ba - m	-(e)ba - mus
2. Person	-(e)ba - s	-(e)ba - tis
3. Person	-(e)ba - t	-(e)ba - nt

lauda - ba - mus wir lobten

audi - eba - nt sie hörten

Das Tempuskennzeichen *-(e)ba-* verrät dir, dass du eine Imperfektform gefunden hast. Ausnahmen gibt es bei den Verben *esse*, *posse* und *prodesse*.

▶ Übung 52:

Bestimme das Tempus der folgenden Verben. Wie lautet jeweils der Infinitiv Präsens?

a) convocaverat
b) reddidi
c) suadebant
d) expectatis

Imperfektformen bestimmen

Auch Verben, die im Imperfekt stehen, kannst du nach den fünf Aspekten des Verbs bestimmen (vergleiche Baustein 1).

▶ Übung 53:

Bestimme diese Verbformen nach allen Kategorien:

Aspekte des Verbs		Information
Person		______________
Numerus		______________
Tempus	aedifico	______________
Modus		______________
Genus Verbi		______________

Aspekte des Verbs		Information
Person		______________
Numerus		______________
Tempus	sentiebant	______________
Modus		______________
Genus Verbi		______________

Imperfektformen übersetzen

Grundsätzlich wird das lateinische Imperfekt im Deutschen mit dem Präteritum wiedergegeben.

Titus epistulam ***scribebat****.* Titus **schrieb** einen Brief.

Das lateinische Imperfekt wird gebraucht, um Zustände oder Handlungen in der Vergangenheit zu beschreiben, die	
1. länger angedauert haben.	durativer Aspekt
2. sich mehrfach wiederholt haben.	iterativer Aspekt
3. nur versucht wurden.	*Imperfectum de conatu*

zu 1) Das Imperfekt kann den **durativen Aspekt** der Aussage betonen. Dann sagt es aus, dass die Handlung in der Vergangenheit länger angedauert hat bzw. ein Zustand von längerer Dauer war. Um das auch in der Übersetzung zum Ausdruck zu bringen, kann man das Wort „gewöhnlich“ ergänzen.

Olim terra inter Palatinum et Aventinum palus erat.	Früher war das Land zwischen Palatin und Aventin ein Sumpf.
Hac via veniebat.	Ich kam gewöhnlich auf diesem Weg.

Oft steht das Imperfekt, das den durativen Aspekt hervorhebt, bei Signalwörtern, die auf die Dauer hinweisen: *diu, semper, saepe, multas dies, totum annum, ….*

Diu manebam, sed nunc patientiam non iam habeo.	Ich bin lange geblieben, aber nun habe ich keine Geduld mehr.

zu 2) Mit dem Imperfekt wird außerdem die **Wiederholung einer Handlung in der Vergangenheit** ausgedrückt. Auch wenn es nicht

schon im lateinischen Satz steht („*iterum iterumque*"), darf man hier ein „immer wieder" ergänzen, um den sogenannten **iterativen Aspekt** besonders herauszustellen.

(Iterum iterumque) epistulas ad amicum scribebat.	Immer wieder schrieb er Briefe an den Freund.

Somit unterscheidet sich das Imperfekt im Gebrauch deutlich vom Perfekt. Das Perfekt wird bei Handlungen verwendet, die in der Vergangenheit einmalig stattgefunden haben und abgeschlossen sind.

▶ Übung 54:

Achte auf das Tempus und übersetze.

a) Te semper socium fidum putabam.
b) Quamquam pastor totum noctem gregem custodiebat, lupus tamen nonnullas oves cecidit.
c) Denique Graeci Troiam deleverunt. Antea decem annos ante Troiam pugnaverant.

> **socius**, i, m. - Gefährte; **pastor**, pastoris, m. - Hirte; **grex**, gregis, m. - (Vieh-)Herde; **custodire** - bewachen; **lupus**, i, m. - Wolf; **ovis**, ovis, f. - Schaf; **denique** - schließlich; **antea** - vorher

zu 3) Mit dem ***imperfectum de conatu*** wird ausgesagt, dass die Handlung nur versucht wurde. Bei der Übersetzung eines *imperfectum de conatu* greift man daher auf das Wort „versuchen" zurück.

*Mercator merces **vendebat**, sed merces emptores non delectabant.*	Der Händler **versuchte,** die Waren **zu verkaufen**, aber die Waren gefielen den Käufern nicht.

Tipp: Übersetze das Imperfekt zunächst mit dem deutschen Präteritum. Wenn du den gesamten Text übersetzt hast, kannst du deine erste Übersetzung immer noch verändern und das Imperfekt als *imperfectum de conatu* übersetzen.

▶ Übung 55:

Übersetze. Wie wird das Imperfekt gebraucht? Welcher Aspekt wird betont?

a) Heri totum diem pluebat.
b) Patriam solum servabamus, sed auxilio indigemus.
c) Iterum iterumque Cato postulabat: „Delete Carthaginem!"

heri - gestern; **pluere** - regnen; **solum** - allein; **delere** - zerstören

Übersetzungstext

Dädalus und Ikarus

Der Dichter Ovid berichtet in seinem Werk „Metamorphosen" auch von Dädalus und seinem Sohn Ikarus. Die beiden wurden vom König Minos auf der Insel Kreta gefangen gehalten. Um von der Insel zu fliehen, konstruierte Dädalus, der einer der begabtesten Erfinder und Baumeister war, Flügel aus Federn, Holz und Wachs.

Multos dies Minos rex Daedalum et Icarum Creta custodiebat. Daedalus autem consilium de fuga cepit. Itaque multas pennas colligebat. Denique pennis, cera lignoque alas fecit et cum filio in aerem volavit. Pater filium admonebat: „Sub nobis sagittae hostium volant, super nos sol calet. Vola in medio!" Sed Icarus verba patris non audivit, sed magna cum laetitia per aerem volavit vocavitque: „Ut avis usque ad solem volo!" Pater filium tenebat. Sed quoniam sol ceram iam tabuerat et pennas solverat, Icarus miser de caelo praecipitavit. Iterum iterumque Daedalus pater nomen filii clamabat. Icarus autem in undis maris cecidit. Postea pater ingenium saepe damnabat, quod filio non libertati sed morti fuerat.

Creta - auf der Insel Kreta; **custodire** - bewachen; **consilium capere**, capio, cepi, captum - einen Plan fassen; **fuga**, ae, f. - Flucht; **penna**, ae, f. - Feder; **colligere**, colligo, collegi, collectum - sammeln; **cera**, ae, f. - Wachs; **lignum**, i, n. - Holz; **ala**, ae, f. - Flügel; **aer**, aeris, f. - Luft; **admonere** - warnen, ermahnen; **sagitta**, ae, f. - Pfeil; **sol**, solis, m. - Sonne; **calere** - brennen, glühen; **laetitia**, ae, f. - Freude; **avis**, avis, f. - Vogel; **tenere** - (auf-)halten; **tabescere**, tabesco, tabui - schmelzen; **praecipitare** - stürzen; **unda**, ae, f. - Welle; **ingenium**, i, n. - Begabung; **damnare** - verfluchen; **libertas**, libertatis, f. - Freiheit

Baustein 16: Adjektive

Ein Adjektiv ist ein Eigenschaftswort, das ein Nomen näher bestimmt. Bereits ab der ersten Lektion dieses Buches kamen Adjektive vor. Hier soll es nun um die Besonderheiten bei der Übersetzung gehen.

Adjektive erkennen

Adjektive sind Eigenschaftswörter. Sie geben an, wie etwas oder jemand ist. Anhand der Vokabelbedeutung weißt du, ob es sich um ein Adjektiv handeln kann.

Adjektive gehören entweder zur a- / o-Deklination oder aber zur i-Deklination. Es gibt auch ein paar Adjektive, die nach der konsonantischen Deklination dekliniert werden.

a- / o-Deklination	longus, longa, longum
i-Deklination	ingens, ingens, ingens gravis, gravis, grave acer, acris, acre
konsonantische Deklination	vetus, vetus, vetus

Ein Adjektiv wird auf zweierlei Arten verwendet:

1) Attribut zu einem Substantiv:	Puella **parva** in horto ludet.
2) Prädikatsnomen:	Hortus **magnus** est.

zu 1) Das Adjektiv bestimmt das Substantiv *puella* näher. Es antwortet auf die Frage „Was für ein Mädchen spielt im Garten?“. Das Adjektiv steht in KNG-Kongruenz zu seinem Beziehungswort. In der

Regel steht im Lateinischen, anders als im Deutschen, zuerst das Substantiv und danach das als Attribut gebrauchte Adjektiv.

puella parva das kleine Mädchen

zu 2) Das Adjektiv als Prädikatsnomen bietet eine notwendige Ergänzung zum Hilfsverb. Auch hier stimmt das Adjektiv in Kasus, Numerus und Genus mit dem Beziehungswort überein.

Adjektive treten in drei Steigerungsformen auf:

Positiv	altus, a, um	hoch
Komparativ	altior, altius	höher
Superlativ / Elativ	altissimus, a, um	am höchsten

Im Komparativ wird *-ior* (bei maskulin und feminin) bzw. *-ius* (neutrum) an den Wortstamm angehängt. Der Komparativ wird nach der konsonantischen Deklination dekliniert.

Im Superlativ wird üblicherweise die Endung *-issimus* an den Wortstamm angefügt. Adjektive, die im Positiv auf *-er* enden (zum Beispiel *miser*), enden im Superlativ auf *-errimus*. Endet ein Adjektiv im Positiv auf *-lis*, so endet es im Superlativ auf *-limus*.

Der Superlativ wird nach der a- / o-Deklination dekliniert.

Merke dir folgende Adjektive, die unregelmäßige Steigerungsformen haben:

magnus, maior / maius, maximus	groß, größer, am größten / der Größte
parvus, minor / minus, minimus	klein, kleiner, am kleinsten / der Kleinste
bonus, melior / melius, optimus	gut, besser, am besten / der Beste
malus, peior / peius, pessimus	schlecht, schlechter, am schlechtesten / der Schlechteste
multi, plures / plura, plurimi	viele, mehr, am meisten / die meisten

Adjektive bestimmen

Hat man ein Adjektiv in einem Satz ausfindig gemacht, muss man prüfen, welches das Beziehungswort ist. Außerdem muss man den ganzen Satz überblicken, um festzustellen, ob es als Attribut oder als Prädikatsnomen verwendet wird.

▶ Übung 56:

Welche Adjektive passen nach KNG zu diesen Substantiven? Bestimme dazu zunächst Kasus, Numerus und Genus der angegebenen Substantive.

a) viam: angustam, angustiores, angustissimam, angustissimi, angustiorem
b) nuntiorum: celeres, celeriorum, celerrimorum, celerrimum, celeriorem
c) equus: magnum, maiorem, maior, maximo, magnus, maius, maiores

Adjektive übersetzen

Adjektive werden zusammen mit ihrem Beziehungswort übersetzt.

Positive übersetzen

Der lateinische Positiv wird mit dem deutschen Positiv übersetzt (vergleiche Baustein 2).

1) *Equus magnus est.*	Das Pferd ist groß.
2) *Equus magnus currum trahit.*	Das große Pferd zieht den Wagen.

Im ersten Beispiel ist das Adjektiv *magnus* als Prädikatsnomen verwendet. Im zweiten Beispiel erfüllt es die Funktion eines Attributs.

Komparative übersetzen

In Vergleichen wird der lateinische Komparativ mit dem deutschen Komparativ wiedergegeben.

*1) Iter Romam **longior** est quam iter Spartam.*	Der Weg nach Rom ist **länger**
*2) Iter Romam **longior** est itinere Spartam.*	als der Weg nach Sparta.

In einem solchen Vergleich steht die Person oder der Gegenstand, mit dem verglichen wird, oft nach dem Wort *„quam“* im Nominativ (Beispiel 1). Es kann aber auch der Ablativ des Vergleichs stehen; dann fällt das Wort *„quam“* weg (Beispiel 2).

Liegt kein Vergleich vor, wird der Komparativ entweder mit „(all)zu“ oder mit „ziemlich“ übersetzt.

*Iter **longior** est.*	Der Weg ist **zu lang**. oder: Der Weg ist **ziemlich lang**.

Welche Übersetzung die beste ist, ergibt sich aus dem Zusammenhang. Schau dir nach der Übersetzung des gesamten Textes / Abschnitts also noch einmal die Übersetzung des Komparativs an und korrigiere gegebenenfalls.

▶ Übung 57:

Übersetze. Achte bei der Übersetzung darauf, ob ein Vergleich vorliegt oder nicht.

a) Iter periculosius est. In patria mane!
b) Titus in domo maiore habitat quam Tiberius.
c) Domus Iuliae domo Paulae maior est.

periculosus, a, um - gefährlich; **manere** - bleiben; **habitare** - wohnen

Superlative übersetzen

Ein Superlativ kann als Superlativ oder als Elativ übersetzt werden.

*Publius **prudentissimus** est.*	1) Publius ist **der Klügste**.
	2) Publius ist sehr / äußerst klug.

zu 1) Der Superlativ kennzeichnet hier die Höchststufe. Niemand anderes ist so klug wie Publius.

zu 2) Durch den Elativ wird ein besonders hoher Grad der Eigenschaft beschrieben. Publius ist sehr klug, es könnte aber durchaus jemanden geben, der ebenso klug ist.

Um einen Elativ im Deutschen zum Ausdruck zu bringen, setzt man zum Beispiel die Wörter ‚sehr', ‚besonders', ‚höchst', ‚überaus', ‚äußerst' vor den Positiv des Adjektivs.

Manchmal kann man den Elativ auch durch ein zusammengesetztes Adjektiv zum Ausdruck bringen.

pulcherrimus	bildhübsch
antiquissimus	uralt, steinalt

▶ Übung 58:

Übersetze mit einem zusammengesetzten Adjektiv.

fortissimus, divitissimus, stultissimus, celerrimus, aridissimus, durissimus, dulcissimus

> **dives** - reich; **stultus** - dumm; **aridus** - trocken; **durus** - hart, **dulcis** - süß

Übersetzungstext

Gaius Julius Caesar hat seine Erlebnisse bei den Feldzügen in Gallien in seinem Buch *Bellum Gallicum* aufgeschrieben. In diesem Werk findet sich auch eine Beschreibung der Sueben (lateinisch *Suebi*). So schildert Caesar die Lebensgewohnheiten dieses germanischen Volksstammes.

Gens Sueborum est maxima et bellicissima gens omnium Germanorum. Quod multos pagos habent, multi milites bellum gerent. Nonnulli Suebi autem domi manent et agros colunt. Sic copia iusta alimentorum semper certissima est. Suebi aegre frumentum comedunt, sed lactem atque peccorem. Praeterea venatores meliores sunt. Cibus validus exercitatioque cottidiana homines magnos atque robustissimos efficiunt. Quamquam loci frigidissimi sunt, nihil praeter pelles corpora Sueborum praetegit. Hic pelles minores sunt quam pelles aliarum gentium.

Suebi desolationem quam latissimam circa fines suos optant. Desolationem latam gloriosissimam esse enim putant. Itaque gentes externes actionibus infestis ex agris suis semper expellunt.

gens, gentis, f. - Volksstamm; **bellicus**, a, um - kriegerisch; **pagus**, i, m. - Dorf; **bellum gerere** - Krieg führen; **agros collere** - die Felder bestellen, die Äcker bebauen; **alimentum**, i, n. - Nahrung, Nahrungsmittel; **aegre** - kaum; **frumentum**, i, n. - Getreide; **lac**, lactis, f. - Milch; **peccus**, peccoris, n. - Vieh, Fleisch; **venator**, venatoris, m. - Jäger; **cottidianus**, a, um - täglich; **robustus**, a, um - stark, kräftig; **efficere** - hervorbringen; **frigidus**, a, um - kalt; **pellis**, pellis,f. - Fell; **praetegere** - bedecken; **desolatio**, desolationis, f. - Einsamkeit, Einöde; **infestus**, a, um - feindlich

Baustein 17: Adverbien

Bei einem Adverb handelt es sich um ein Umstandswort, das nähere Informationen zu einem Verb liefert. Das Adverb gibt an, wie, wann oder wo etwas geschieht.

Adverbien erkennen

Einige Adverbien gehören zu den unveränderlichen Wörtern. In den meisten Vokabelverzeichnissen werden solche Adverbien mit dem Zusatz „Adv." gekennzeichnet. Hast du ein solches unveränderliches Wort gefunden, weißt du sofort, dass es sich um ein Adverb handelt.

clam (Adv.)	heimlich
libenter (Adv.)	gern

Adverbien können jedoch auch aus Adjektiven gebildet werden.

Adjektiv	Adverb
1) astutus, a, um (listig)	astute (listig)
2) acer, acris, acre (heftig)	acriter (heftig)
3) prudens, prudens, prudens (klug)	prudenter (klug)

zu 1) Bei den Adjektiven, die zur a- / o-Deklination zählen, wird an den Stamm ein *-e* angehängt.

zu 2 und 3) Bei den Adjektiven der i-Deklination wird die Endung -*iter* oder *-er* an den Stamm angehängt. Der Stamm der Adjektive der i-Deklination wird im Genitiv Singular deutlich (*prudens, prudens, prudens*, Genitiv *prudent-is*).

Merke dir folgende Adverbien, bei denen die Bildung aus dem Adjektiv unregelmäßig ist:

Adjektiv	**Adverb**
bonus, a, um - gut	bene - gut
facilis, e - leicht	facile - leicht

Adverbien können zwar nicht nach Kasus, Numerus oder Genus verändert werden, sie können aber sehr wohl gesteigert werden.

Neben dem Positiv gibt es hier – wie beim Adjektiv auch – den Komparativ und den Superlativ.

Positiv	Komparativ	Superlativ
astute acriter prudenter	astutius acritius prudentius	astutissime acritissime prudentissime

Der Komparativ des Adverbs endet auf *-ius*, ebenso wie der Komparativ des Adjektivs im Nominativ Singular neutrum.

Im Superlativ wird die Endung *-issime* an den Wortstamm angefügt.

Verwechsle Adverbien nicht mit Adjektiven. Bei den unveränderlichen Adverbien, die auch in dieser Form im Vokabelverzeichnis stehen, ist die Unterscheidung noch recht leicht. Bei den Adverbien, die von Adjektiven abgeleitet sind, musst du genau auf die Form achten. Im Positiv und im Komparativ enden die Adverbien immer auf *-e*. Der Komparativ ist identisch mit dem Komparativ des Adjektivs im Nominativ Singular neutrum. Überprüfe immer, ob ein mögliches Adjektiv ein Beziehungswort hat, mit dem es nach KNG übereinstimmt.

▶ Übung 59:

Handelt es sich bei dem fett gedruckten Wort um ein Adjektiv oder um ein Adverb?

a) **Ruri** cives **bene** dormiunt, nam nox **quieta** est.
b) Icarus magna cum laetitia **altius** volavit.
c) Montes Alpis **altiores** sunt monte Vesuvio.

nox, noctis, f. - Nacht; **laetitia**, ae, f. - Freude; **volare** - fliegen

Adverbien bestimmen

Ein Adverb kann nicht nach Kasus, Numerus oder Genus bestimmt werden und hat auch kein Beziehungswort. Nur die Steigerungsstufe – Positiv, Komparativ oder Superlativ – kann man bestimmen.

Adverbien übersetzen

Adverbien liefern Informationen zu einem Verb und beantworten die Fragen „Wie geschieht etwas?“, „Wann geschieht etwas?“ oder „Wo geschieht etwas?“.

Positive übersetzen

Der lateinische Positiv wird auch mit dem deutschen Positiv wiedergegeben. Beachte, dass das Adverb nähere Informationen zu einem Verb gibt, ein Adjektiv dagegen ein Substantiv näher charakterisiert.

1) *Athleta celeriter currit.*	Der Sportler rennt schnell.
2) *Athleta celer vincit.*	Der schnelle Sportler gewinnt.

zu 1) Das Adverb *celeriter* antwortet auf die Frage „Wie **rennt** der Sportler?“. Es beschreibt das Verb *currit*.

zu 2) Das Adjektiv *celer* beantwortet die Frage: „Wie **ist** der Sportler?“. Es gibt nähere Informationen zum Substantiv *athleta.*

▶ Übung 60:

Unterscheide, ob es sich um ein Adjektiv oder ein Adverb handelt und übersetze entsprechend.

a) Puer portam caute clausit. – Puer cautus portam clausit.
b) Orpheus pulcher cantat. – Orpheus pulchre cantat.
c) Gladiator fortis in arena pugnat. – Gladiator forte in arena pugnat.

porta, ae, f. - Tür, Tor; **cautus**, a, um - vorsichtig; **cantare** - singen

Komparative übersetzen

Bei einem Vergleich wird der lateinische Komparativ mit dem deutschen Komparativ übersetzt.

Athleta celerius currit quam concurrentes.	Der Sportler rennt schneller
Athleta celerius currit concurrentibus.	als seine Konkurrenten.

Der Vergleich kann – wie beim Adjektiv auch – mit dem Wort *quam* und dem Nominativ oder mit dem bloßen Ablativ des Vergleichs vorgenommen werden.

Liegt kein Vergleich vor, benutzt man auch bei einem Adverb im Komparativ das Wort „zu“ oder „ziemlich“. Welches man verwendet, hängt vom Zusammenhang ab; beachte daher den ganzen Text, um die beste Übersetzung auszuwählen.

Athleta celerius currit.	Der Sportler rennt ziemlich schnell.
	oder: Der Sportler rennt zu schnell.

▶ Übung 61:

Übersetze die Sätze aus Übung 59.

Superlative übersetzen

Wie beim Adjektiv auch kann die Superlativ-Form als Superlativ oder als Elativ übersetzt werden.

Athleta celerrime currit. 1) Der Athlet rennt am schnellsten.

2) Der Athlet rennt äußerst / sehr schnell.

zu 1) Der Superlativ „am schnellsten" bedeutet, dass niemand schneller rennt als dieser Athlet.

zu 2) Der Elativ „sehr schnell" deutet darauf hin, dass der Sportler zwar sehr schnell rennt, dass möglicherweise aber ein anderer ebenso sehr schnell rennt.

quam mit Superlativ

Steht der Superlativ nach dem Wort *„quam"*, übersetzt man ihn mit dem deutschen Positiv nach dem Wort „möglichst".

Veni quam celerrime! Komm möglichst schnell!

▶ Übung 62:

Übersetze.

a) Caesar victos clementissime tractat.
b) Puer vehementer ridet, sed adulti rem tristem putant.
c) Si iter facis quam lentissime, montes, agros silvasque diligentius videre potes.

victus, i, m. - der Besiegte; **clemens** - mild; **tractare** - behandeln; **ridere** - lachen; **adultus**, i, m. - Erwachsener; **iter facere** - reisen; **lentus**, a, um - langsam; **silva**, ae, f. - Wald; **diligens** - aufmerksam, genau

Übersetzungstext

Kaum ein Römer ist heute noch so bekannt wie Marcus Tullius Cicero. Der Philosoph, Politiker und Redner hat der Nachwelt zahlreiche Texte hinterlassen, darunter mehrere Bücher über die Rhetorik. Cicero hatte genaue Vorstellungen von einem idealen Redner und gab einige Hinweise, wie man eine erfolgreiche Rede gestalten kann.

Vir eloquens etiam doctus est; peritus philosophiae, historiae et iuris est. Primo materiam cognoscit et explicationes diligentissime collegit. Tum oratoris est verba apta eligere et orationem bene praeparare. Si verba iterum iterumque in memoriam inculcabas, postea certius orationem habes. Gravissima enim oratio ipsa est. Latine dicere, plane dicere, apte dicere semper necesse est. Attende auditores atque occasionem orationis. Acute atque prudenter dic, si rem explicas. Si autem auditores delectare in animo habes, vehementius atque argutius dic. Vehementissam orationem habes, si animos hominum flectere in animo habes. Oratio viri eloquentis auditores libenter audiunt.

eloquens - redegewandt; **materia**, ae, f. - Stoff, Material; **explicatio**, explicationis, f. – Erklärung, Argument; **diligens**, diligentis - sorgfältig; **aptus**, a, um - geeignet, angemessen; **inculcare** - einprägen; **gravis** - hier: wichtig; **latine dicere** - korrekt sprechen; **planus**, a, um - deutlich; **necesse** - notwendig; **attendere** - beachten; **occasio**, occasionis, f. - Anlass, Gelegenheit; **acutus** - hier: scharfsinnig; **dic** - *Imperativ Singular von dicere*; **argutus** - ausdrucksvoll; **animos hominum flectere** - die Menschen umstimmen

Baustein 18: Futur 1 und Futur 2

Um eine Aussage über die Zukunft zu machen, wird das Futur gebraucht. Man unterscheidet – im Deutschen wie im Lateinischen – zwischen Futur 1 und Futur 2. Außerdem gibt es im Lateinischen die *coniugatio periphrastica activa*, um ein Ereignis zu beschreiben, das unmittelbar bevorsteht.

Futur 1-Formen erkennen

Das Futur 1 wird mit dem Präsensstamm gebildet. Wie genau das Futur 1 eines Verbs gebildet wird, hängt von der Konjugationsklasse ab, zu der das Wort gehört.

Bei Verben der a- und der e-Konjugation ist das *-b-* das Tempuskennzeichen für das Futur.

	Singular	Plural
1. Person	canta-b-o – ich werde singen	canta-bi-mus – wir werden singen
2. Person	canta-bi-s – du wirst singen	canta-bi-tis – ihr werdet singen
3. Person	canta-bi-t – er / sie / es wird singen	canta-bu-nt – sie werden singen

Merkspruch: bo – bi – bu Futur

Bei Verben der i-Konjugation, der konsonantischen und der gemischten Konjugation (konsonantische mit i-Erweiterung) endet die 1. Person Singular auf *-am*. Alle weiteren Formen haben ein *-e-* als Tempuskennzeichen:

	Singular	Plural
1. Person	fini-a-m – ich werde beenden	fini-e-mus – wir werden beenden
2. Person	fini-e-s – du wirst beenden	fini-e-tis – ihr werdet beenden
3. Person	fini-e-t – er / sie / es wird beenden	fini-e-nt – sie werden beenden

Merkspruch: Kameeeeel-Futur, Ameeeeerika-Futur

Beachte: a) gaud**et** – Präsens – er freut sich

b) mitt**et** – Futur 1 – er wird schicken

a) *gaudet* kommt von *gaudere*, einem Verb der e-Konjugation. *gaudet* ist daher eine Präsensform (im Futur würde es *gaudebit* heißen).

b) *mittet* kommt von *mittere*, einem Verb der konsonantischen Konjugation. Das *e* ist daher das Kennzeichen für das Futur (im Präsens würde es *mittit* heißen).

▶ Übung 63:

Handelt es sich um Verben im Futur 1?

curret – vocabunt – mittes – ridemus – terret – gaudes – finies – facient – dicam

Futur 1-Formen bestimmen

Wie alle anderen finiten Verbformen auch, lassen sich die Futur 1-Formen nach den fünf Kategorien des Verbs bestimmen (vergleiche Baustein 1).

Futur 1-Formen übersetzen

Das Futur 1 wird gebraucht, um Handlungen und Zustände zu beschreiben, die in der Zukunft stattfinden. Das lateinische Futur 1 wird grundsätzlich mit dem deutschen Futur 1 übersetzt.

*canta**bo*** – ich werde singen

*canta**bi**mus* – wir werden singen

*lud**am*** – ich werde spielen

*lud**e**mus* – wir werden spielen

▶ Übung 64:

Übersetze diese Wörter.

a) videbit b) cantabitis c) capiemus d) capere poterimus

Gelegentlich kann man das Futur 1 aber auch mit dem Präsens wiedergeben. Dann muss aber aus dem Zusammenhang klar sein, dass es sich um eine Handlung in der Zukunft handelt, zum Beispiel durch das Wort cras – morgen.

Ulixes: „Cras Troiam capiamus!“	„Morgen **werden wir** Troja **erobern**!“
	„Morgen **erobern** wir Troja!“

Futur 2-Formen erkennen

Das Futur 2 wird aus dem Perfektstamm gebildet, an den die Endungen -ero, -eris, -erit, -erimus, -eritis, -erint angehängt werden.

vocav-ero	ich werde gerufen haben	
vocav-eris	du wirst gerufen haben	usw.

Achte genau auf jeden Buchstaben. Verwechsle in der 3. Person Plural nicht das Futur 2 mit dem Perfekt oder dem Plusquamperfekt!

vocav-**erint**	Futur 2
vocav-**erunt**	Perfekt
vocav-**erant**	Plusquamperfekt

Futur 2-Formen bestimmen

Auch hier ist die Bestimmung nach den fünf Kategorien der finiten Verbform möglich (vergleiche Baustein 1).

Futur 2-Formen übersetzen

Das Futur 2 wird gebraucht, um Vorzeitigkeit in der Zukunft auszudrücken.

Si Troiam expugnaverimus,	Wenn wir Troja erobert haben werden,
domum rediemus.	werden wir nach Hause zurückkehren.

Beide Aktionen (die Stadt erobern und nach Hause zurückkehren) liegen in der Zukunft. Die Eroberung Trojas wird vor der Rückkehr nach Hause aber bereits abgeschlossen sein. Daher steht *expugnaverimus* („erobern") im Futur 2, *rediemus* („zurückkehren") im Futur 1.

Das Futur 2 wird im Deutschen kaum gebraucht. Häufig übersetzt man das lateinische Futur 2 daher mit dem deutschen Präsens oder dem deutschen Perfekt.

Si Troiam expugnaverimus, ...	nicht: Wenn wir Troia erobert haben werden ...
	sondern: Wenn wir Troja erobert haben ...
	oder: Wenn wir Troja erobern...

▶ Übung 65:

Übersetze das Futur 2 zunächst wörtlich. Drücke es dann mit dem Präsens oder Perfekt aus.

a) Nisi severis, non metes.
b) Daedalus ad filium: „Cras ingenium meum nos liberaverit."
c) Si bis mendicaveris, nemo tibi credet!

serere - säen; **metere** - ernten; **bis** - zweimal; **mendicare** - lügen; **nemo** - niemand

coniugatio periphrastica activa

Bei der *coniugatio periphrastica activa* handelt es sich um eine Verbindung des Partizips Futur Aktiv mit einer Präsens-Form von *esse.* Auf diese Weise wird eine Handlung in der unmittelbar bevorstehenden Zukunft zum Ausdruck gebracht.

Plinius domum intraturus est.	Plinius wird gleich ins Haus gehen.

Wird diese Art des Futurs verwendet, kannst du im Deutschen das Wort „gleich" verwenden, um auf die unmittelbar bevorstehende Zukunft zu verweisen.

Häufig wird die *coniugatio periphrastica activa* mit dem Perfekt kombiniert. Im Perfekt steht die Handlung, die noch nicht passiert ist. Die Futur-Form gibt die Handlung an, die gleich passieren wird.

Plinius nondum domum intraverit,	Plinius ist noch nicht ins Haus gegangen,
sed intraturus est.	aber er wird gleich in das Haus gehen.

▶ Übung 66:

Welche Form der Zukunft liegt vor? Übersetze entsprechend.

a) Plinius urbem relicturus est, cum subito amicum vidit.
b) Tace aut verba tua arcanum nostrum prodent!
c) Cras te expectabo. Aedificia admirabilia urbis visitabimus.
d) Si Midas saxum tetigerit, saxum in aurum mutabit.

relinquere - verlassen; **subito** - plötzlich; **arcanum**, i, n. - Geheimnis; **prodere** - verraten; **admirabilis** - bewundernswert; **visitare** - besuchen, besichtigen; **saxum**, i, n. - Fels, Stein; **aurum**, i, n. - Gold

Übersetzungstext

Seneca Lucilio salutem dicit

Iter longum curas tristitiamque amovere non posse scribis. Nunc quaeris: „Cur?“ Equidem Socrate consentio; itaque tibi respondeo et tibi suadebo:

Quid prodest per maria navigare et urbes mutare? Non iter facis, erras atque effugis.

Iter longissimum hominem non mutabit. Animum debes mutare, non caelum! Etiamsi marem traieceris, vitia tua semper succedent. Ex omnes urbes fugies. Si autem onus animi deposiveris, omnis mutatio loci iucunda erit. Hospitalis tibi omnis sedes erit. Non alibi esse debes, sed alius!

Vitia tua nondum cognovisti, sed certe cogniturus es. Recogita actiones, tum remedium curis invenies.

Vale!

tristitia, ae, f. - Traurigkeit; **amovere** - vertreiben; **consentire** (mit Ablativ) - übereinstimmen mit; **suadere** - einen Rat geben; **mare**, maris, n. - Meer; **navigare** - segeln; **errare** - umherirren; **animus**, i, n. - hier: Gesinnung, Einstellung; **onus**, oneris, n. - Last; **deponere**, depono, deposui, depositum - ablegen, loswerden; **mutatio**, mutationis, f. - Veränderung; **hospitalis**, e - gastfreundlich; **sedes**, sedis, f. - Wohnsitz, Wohnort; **alibi** - anderswo; **vitia**, ae, f. - Fehler; **recogitare** - prüfen, überdenken; **remedium**, i, n. - Heilmittel

Baustein 19: Zeitverhältnisse

Durch die Zeitverhältnisse wird ausgedrückt, in welcher Reihenfolge die beschriebenen Ereignisse stattfinden bzw. stattgefunden haben.

Zeitverhältnisse erkennen

Bearbeitet man eine Satzkonstruktion mit mehreren Prädikaten, muss man ohnehin das Tempus von jedem einzelnen Prädikat bestimmen. Damit hat man den ersten Schritt zum Erkennen des Zeitverhältnisses schon getan.

Beachte außerdem folgende Konjunktionen, die einen Einfluss auf das Zeitverhältnis haben:

dum	während
postquam	nachdem

Zeitverhältnisse bestimmen

Man unterscheidet drei Zeitverhältnisse:

- Vorzeitigkeit
- Gleichzeitigkeit
- Nachzeitigkeit

Um das Zeitverhältnis zu bestimmen, betrachte das Tempus der verschiedenen Prädikate. Dabei gilt:

- Das gleiche Tempus bedeutet Gleichzeitigkeit.
- Plusquamperfekt ist vorzeitig zu Perfekt und Imperfekt.
- Perfekt ist vorzeitig zu Präsens.
- Futur 2 ist vorzeitig zu Futur 1.

paravit (Perfekt) ist gleichzeitig zu *laudavit* (Perfekt).

invitaverat (Plusquamperfekt) ist vorzeitig zu *paravit* (Perfekt).

Umgekehrt ist dann natürlich *paravit* (Perfekt) nachzeitig zu *invitaverat* (Plusquamperfekt).

▶ Übung 67:

Bestimme das Tempus der Verben und gib das Zeitverhältnis an!

a) *desidero* (   ) ist _______ zu *gaudeo* (   ).
b) *appropinquaveris* (   ) ist _______ zu *videbis* (   ).
c) *vicistis* (   ) ist _______ zu *pugnaveratis* (   ).
d) *rogat* (   ) ist _______ zu *responsit* (   ).

Wenn du jedoch in einem Satz eine der oben genannten Konjunktionen findest, beeinflusst sie das Zeitverhältnis.

Konjunktion	**in Kombination mit**	**Zeitverhältnis**
dum	Präsens	Gleichzeitigkeit
postquam	Perfekt	Vorzeitigkeit

1) *dum* + *invitat* (Präsens) ist gleichzeitig zu *parat* (Präsens)
2) *dum* + *invitat* (Präsens) ist gleichzeitig zu *paravit* (Perfekt)
3) *postquam* + *invitavit* (Perfekt) ist vorzeitig zu *paravit* (Perfekt)

zu 1) *invitat* muss im Präsens stehen, da es nach der Konjunktion *dum* steht. Es liegt Gleichzeitigkeit vor. Auch das Wort *parat* steht im Präsens, also sind beide Ereignisse in der Gegenwart passiert.

zu 2) *invitat* muss wieder im Präsens stehen, da es nach der Konjunktion *dum* steht. *Paravit* steht im Perfekt. *Invitat* muss daher auch in der Vergangenheit stattgefunden haben, da es gleichzeitig zu *paravit* sein muss.

zu 3) *invitat* steht im Perfekt, da es auf die Konjunktion *postquam* folgt. Diese Konjunktion drückt immer die Vorzeitigkeit aus. Auch wenn *invitat* ebenso wie *paravit* im Perfekt steht, liegt keine Gleichzeitigkeit vor. *Invitat* ist vor *paravit* passiert.

▶ Übung 68:

Bestimme das Tempus der Verben und gib das Zeitverhältnis an. Beachte dabei die Konjunktionen.

a) *dum + emit* ( ) ist ________ zu *habet* ( ).
b) *postquam + accusavimus* ( ) ist ________ zu *punivimus* ( ).
c) *dum + desiderat* ( ) ist ________ zu *lacrimavit* ( ).
d) *audiverunt* ( ) ist ________ zu *postquam + clamaverunt* ( ).

Zeitverhältnisse übersetzen

Ist keine der genannten Konjunktionen vorhanden, ergibt sich die richtige Übersetzung der Zeitverhältnisse durch die Übersetzung der einzelnen Prädikate. Wenn du jedes Prädikat für sich in der richtigen Zeit übersetzt, stimmt auch das Zeitverhältnis.

Zeitverhältnis bei besonderen Konjunktionen

Bei Nebensätzen mit den genannten Konjunktionen hängt die Übersetzung des Nebensatztempus vom Tempus des Hauptsatzes ab.

Dum in Verbindung mit dem Präsens

Wird ein Nebensatz mit *dum* eingeleitet, dann liegt Gleichzeitigkeit vor. Die Handlung des Nebensatzes findet also zeitgleich mit der des Hauptsatzes statt bzw. hat gleichzeitig mit ihr stattgefunden. Das muss man auch bei der Übersetzung zum Ausdruck bringen.

1) *Dum milites dormiunt, hostes castra invadunt.*

Übersetze dazu zuerst den Hauptsatz.

Hostes castra invadunt.	Die Feinde dringen in das Lager ein.

Das Tempus, das du hier verwendet hast, gebrauchst du nun auch im Nebensatz. *Invadunt* ist Präsens, also muss es mit dem deutschen Präteritum übersetzt werden. *Dormiunt* muss daher auch mit dem deutschen Präteritum wiedergegeben werden.

Während die Soldaten **schlafen**, **dringen** die Soldaten in das Lager **ein**.

2) *Dum milites dormiunt, hostes castra invaserunt.*

Übersetze wieder zuerst den Hauptsatz.

Hostes castra invaserunt.	Die Feinde drangen in das Lager ein.

Invaserunt steht im Perfekt und muss mit dem deutschen Perfekt übersetzt werden. *Dormiunt* muss gleichzeitig passiert sein und muss – obwohl das Wort allein eine Präsensform darstellt – mit dem deutschen Perfekt übersetzt werden.

Während die Soldaten **schliefen**, **drangen** die Feinde in das Lager ein.

▶ Übung 69:

Übersetze. Beachte das Zeitverhältnis.

a) Dum sol occidit, milites castram celeriter extruunt.
b) Dum pluit, etiam bestiae in latebris manserunt.
c) Dum Ulixes abest, Penelope maritum valde desideravit.
d) Dum appropinquat, hostem semper adspectat.

sol, solis, m. - Sonne; **occidere** - hier: untergehen; **extruere** - errichten, aufbauen; **pluere** - regnen; **latebrum**, i, n. - Unterschlupf; **manere**, maneo, mansi - bleiben; **maritus**, i, m. - Ehemann; **appropinquare** - sich nähern; **adspectare** - betrachten, hier: im Auge behalten

Postquam in Verbindung mit dem Perfekt

Ein Nebensatz, der mit der Konjunktion *postquam* eingeleitet wird, beschreibt eine Handlung in der Vergangenheit, die vor der Handlung des Hauptsatzes stattgefunden hat. Hier wird die Vorzeitigkeit ausgedrückt. Du musst bei der Übersetzung des Nebensatzes eine Zeit wählen, die weiter in der Vergangenheit liegt als die Zeit in der Übersetzung des Hauptsatzes.

1) *Postquam pennas collegit, Daedalus alas aedificavit.*

Übersetze zunächst den Hauptsatz.

Daedalus alas aedificavit. Dädalus baute Flügel.

Aedificavit steht im Perfekt und wird mit dem deutschen Präteritum übersetzt.

Die Nebensatzhandlung ist vor diesem Ereignis passiert. Um *collegit* zu übersetzen, musst du das deutsche Plusquamperfekt gebrauchen, denn Plusquamperfekt ist vorzeitig zu Perfekt.

Nachdem er Federn gesammelt hatte, baute Dädalus Flügel.

Wichtig: Betrachtest du nur das Wort *collegit*, stellst du fest, dass es im Perfekt steht. Es darf hier aber nicht wie eine Perfektform übersetzt werden, da es in Kombination mit *postquam* die Vorzeitigkeit ausdrückt. Es muss vorzeitig zu *aedificavit* sein, daher muss es hier wie eine Form im Plusquamperfekt übersetzt werden.

2) *Postquam pennas collegit, Daedalus alas aedificat.*

Auch hier wird zuerst der Hauptsatz übersetzt.

Daedalus alas aedificat.	Dädalus baut Flügel.

Das Wort *aedificat* steht im lateinischen Präsens und wird daher mit dem deutschen Präsens wiedergegeben.

Die Handlung des Nebensatzes muss davor passiert sein. Das Prädikat wird daher mit dem deutschen Präteritum oder Perfekt übersetzt.

Postquam pennas collegit,	Nachdem er Federn sammelte / gesammelt hat,
Daedalus alas aedificat.	baut Dädalus Flügel.

▶ Übung 70:

Übersetze. Achte auf die Zeiten und das Zeitverhältnis.

a) Porsenna: „Si Cloelia in castram redierit, ego pacem confirmabo."
b) Postquam anseres Manlium evocaverunt, milites urbem servare potuerunt.
c) Quia corvus rostrum aperuerat, caseus humi cecidit.
d) Postquam parentes pecuniam collegerunt, praeceptores conducunt.

redire - zurückkehren; **pax**, pacis, f. - Frieden; **anser**, anseris, m. - Gans; **posse**, possum, potui - können; **corvus**, i, m. - Rabe; **rostrum**, i, n. - Schnabel; **caseus**, i, m. - Käse; **cadere**, cado, cecidi - fallen; **conducere** - anstellen

Übersetzungstext

Venus und Jupiter

Postquam Aeneas et comites e Troia effugerunt, tempestas partem classis delevit. Venus, mater Aeneae, dum errorem filii spectat, lacrimavit. Itaque dea Iovem, pater deorum, petivit:

„Dum Aeneas cum comitibus in mari circumerrat, dolor ingens etiam me valde vexat. Quomodo fatum mei Aeneae erit?"

Iupiter respondit: „Gaudebis, filia! Mox Aeneas iter finiverit et tum bellum ingens gerebit in Italia, populos feroces contundebit atque viris mores moeniaque dabit. Aeneas et posteri multos annos in Italia regnabunt. Imperium sine fine dedi."

comes, comitis, m. - Gefährte, Begleiter; **effugere** - fliehen; **classis**, classis, f. - Flotte; **petere** - aufsuchen; **error**, erroris, m. - Irrfahrt; **lacrimare** - weinen; **dolor**, doloris, m. - Schmerz; **vexare** - quälen; **fatum**, i, n. - Schicksal; **ferox** - wild; **contundere** - zerschlagen; **mos**, moris, m. - Sitte; **moenia** - Stadtmauern; **posterus**, i, m. - Nachkommen; **regnare** - regieren, **imperium**, i, n. - Herrschaft; **finis**, finis, f. - Ende, Grenze

Baustein 20: Zeitverhältnisse im AcI

Besonders im AcI ist es wichtig, das Zeitverhältnis zwischen übergeordnetem Satz und dem dass-Satz zu beachten.

Zeitverhältnisse im AcI erkennen

Jeder AcI besteht aus

- dem übergeordneten Satzteil mit der finiten Verbform,
- einem Akkusativ und
- einem Infinitiv.

Sowohl die finite Verbform als auch der Infinitiv haben ein bestimmtes Tempus. Damit ist klar: In jedem AcI lässt sich ein Zeitverhältnis bestimmen.

Wenn du das Zeitverhältis zwischen dem Hauptsatz und dem dass-Satz bestimmen möchtest, musst du das Tempus des Infinitivs bestimmen.

Zur richtigen Übersetzung musst du auch das Tempus des übergeordneten Verbs bestimmen.

Die finite Verbform kann jedes Tempus annehmen. Der Infinitiv des AcI dagegen kann nur drei Zeiten annehmen: Infinitiv Präsens, Infinitiv Perfekt oder Infinitiv Futur. Einen Infinitiv Imperfekt oder Plusquamperfekt gibt es nicht.

Zeitverhältnisse im AcI bestimmen

Das im AcI beschriebene Geschehen kann vor, während oder nach der Handlung des übergeordneten Verbs stattfinden. Ob Vorzeitigkeit, Gleichzeitigkeit oder Nachzeitigkeit vorliegt, erkennt man allein am Tempus des Infinitivs:

Infinitiv Präsens	⇨	Gleichzeitigkeit
Infinitiv Perfekt	⇨	Vorzeitigkeit
Infinitiv Futur	⇨	Nachzeitigkeit

Wichtig: Gleichzeitigkeit bedeutet nicht, dass in beiden Satzteilen das gleiche Tempus steht! Wann immer der Infinitiv Präsens steht, liegt Gleichzeitigkeit vor, egal ob das Prädikat des Hauptsatzes auch im Präsens oder in einer Zeit der Vergangenheit oder Zukunft steht.

▶ Übung 71:

Bestimme das Zeitverhältnis in den folgenden AcI.

a) Vulpes corvum rostrum aperturum esse scit.
b) Corvum cantare audivimus.
c) Liberi matrem portam aperuisse viderunt.
d) Liberi matrem portam aperire viderunt.
e) Lucullus cenam bonam esse gaudet.

vulpes, vulpis, f. - Fuchs; **corvus**, i, m. - Rabe; **rostrum**, i, n. - Schnabel; **aperire** - öffnen

Zeitverhältnisse im AcI übersetzen

Um das Zeitverhältnis im AcI richtig zu übersetzen, beginne mit dem übergeordneten Satzteil. Übersetze das Verb in der richtigen Zeit. Dann mache dir noch einmal das Zeitverhältnis klar. Je nachdem, welches Zeitverhältnis vorliegt, musst du bei der Übersetzung entsprechend vorgehen:

Gleichzeitigkeit

Hier finden die Handlung des übergeordneten Satzes und die des dass-Satzes zeitgleich statt. Übersetze zuerst den übergeordneten Satz. Die Zeit, die du für die Übersetzung des Prädikats in Deutsche verwendet hast, gebrauchst du nun auch für die Übersetzung des Infinitivs.

1) *Romanos vincere audio.*	Ich höre, dass die Römer siegen.
2) *Romanos vincere audivi / audiebam / audiveram.*	Ich hörte / habe gehört / hatte gehört, dass die Römer siegten.
3) *Romanos vincere audiam.*	Ich werde hören, dass die Römer siegen werden.

zu 1) *audio* ist eine Präsensform und muss mit dem deutschen Präsens übersetzt werden. Der Infinitiv Präsens (*vincere*) verrät, dass Gleichzeitigkeit vorliegt. Sowohl das Siegen als auch das Hören finden in der Gegenwart statt.

zu 2) *audivi, audiebam und audiveram* sind Formen in Zeiten der Vergangenheit. Das Hören hat also bereits in der Vergangenheit stattgefunden. Auch das Siegen muss daher in der Vergangenheit geschehen sein. Es wird mit dem deutschen Präteritum übersetzt.

zu 3) Da *audiam* Futur 1 ist, wird das Hören erst in der Zukunft passieren. Wieder liegt Gleichzeitigkeit vor, daher werden die Römer auch erst in der Zukunft siegen. Zur Übersetzung wird das deutsche Futur 1 verwendet.

▶ Übung 72:

Übersetze.

a) Vir peregrinus Romam ardere narrat.
b) Vir peregrinus Romam ardere narravit.
c) Vir peregrinus Romam ardere narrabit.
d) Iuvenes tonsorem servum medio in loco publico radere non vident.
e) Iuvenes tonsorem servum medio in loco publico radere non viderunt.

> **peregrinus**, a, um - fremd; **ardere** - brennen; **tonsor**, tonsoris, m. - Frisör; **radere** - rasieren

Vorzeitigkeit

In diesem Fall hat die Handlung des dass-Satzes vor derjenigen des übergeordneten Satzes stattgefunden. Übersetze auch hier zuerst den übergeordneten Satzteil. Gib das Prädikat in der richtigen Zeit wieder. Nun musst du ausdrücken, dass die Handlung des dass-Satzes vor der Handlung des übergeordneten Satzes stattgefunden hat. Daher musst du eine Zeit wählen, die weiter in der Vergangenheit liegt.

1) *Romanos vincisse audio.*	Ich höre, dass die Römer gesiegt haben.
2) *Romanos vincisse audivi / audiebam / audiveram.*	Ich hörte / habe gehört / hatte gehört, dass die Römer gesiegt hatten.
3) *Romanos vincisse audiam.*	Ich werde hören, dass die Römer gesiegt haben werden.

zu 1) *audio* ist Präsens; das Hören findet also in der Gegenwart statt. Davor haben die Römer gesiegt, was mit dem deutschen Perfekt zum Ausdruck gebracht wird.

zu 2) Um Vorzeitigkeit zu einer Zeit der Vergangenheit auszudrücken, wird das deutsche Plusquamperfekt verwendet.

zu 3) *audiam* ist Futur 1. Vorzeitigkeit zu diesem Tempus wird mit dem deutschen Futur 2 ausgedrückt.

Nachzeitigkeit

Hier wird die Handlung des dass-Satzes erst nach derjenigen des übergeordneten Satzteils stattfinden.

1) *Romanos victuros esse audio.*	Ich höre, dass die Römer siegen werden.
2) *Romanos victuros esse audivi / audiebam / audiveram.*	Ich hörte / habe gehört / hatte gehört, dass die Römer siegen werden / siegen würden.
3) *Romanos victuros esse audiam.*	Ich werde hören, dass die Römer siegen werden.

zu 1) Nachzeitigkeit zum Präsens wird mit dem Futur 1 ausgedrückt. Das Hören geschieht in der Gegenwart, das Siegen jedoch erst in der Zukunft.

zu 2) Zu einem Tempus der Vergangenheit drückt man die Nachzeitigkeit mit dem Futur 1 aus. Eventuell nutzt man den Konjunktiv.

zu 3) *audiam* ist Futur 1. Das Hören wird erst in der Zukunft stattfinden. Noch weiter in der Zukunft wird das Siegen passieren. Um diese Nachzeitigkeit auszudrücken, wird das deutsche Futur 1 verwendet.

▶ Übung 73:

Übersetze die Sätze aus Übung 71. Achte auf die richtigen Zeiten und das richtige Zeitverhältnis.

Übersetzungstext

Hannibals Schwur

Hannibalem cum Romanis acriter pugnavisse scitis. Is filius Hamilcaris, imperatoris Carthaginiensium, fuit. Odium Romanorum iam iniverat, cum Hannibal puer novem annorum fuit.

Titus Livius hanc historiam de pueritate imperatoris futuris narrat:

Hannibal, postquam exercitum patris in Hispaniam processurum esse audivit, dixit: „Ego exercitum comitabo!" Pater respondit: „Permitto, sed condicionem statuo. Te mihi fidem dare opto."

Tum milites Hamilcarem filium ad aram adducere viderunt. Pater Hannibalem his verbis dicere iussit: „Me semper hostem imperii Romani fore iuro."

Hannibal hoc iuravit; iurandum numquam rupit.

acer, acris, acre - heftig; **imperator Carthaginiensium** - Feldherr der Karthager; **pueritas**, pueritatis, f. - Kindheit; **futurus**, a, um - zukünftig; **procedere**, procedo, processi, processum - aufbrechen; **comitare** - begleiten; **condicio**, condicionis, f. - Bedingung; **ara**, ae, f. - Altar; **iurare** - schwören; **iurandus**, i, m. - Schwur; **rumpere** - brechen

Schritt 3: Nach dem Übersetzen

Wenn du einen Satz übersetzt und aufgeschrieben hast, lies ihn dir immer noch einmal aufmerksam durch. Kontrolliere verschiedene Aspekte der Übersetzung. Manchmal musst du etwas verbessern oder umformulieren.

- Ist deine Übersetzung vollständig? Schaue dazu nach, ob sich alle Wörter aus dem lateinischen Satz in deiner Übersetzung wiederfinden.
- Ist deine Übersetzung korrekt? Prüfe, ob die Formen richtig übersetzt sind. Bei Verben solltest du besonders das Tempus noch einmal kontrollieren. Bei Substantiven achte nochmals auf den korrekten Numerus.
- Klingt der deutsche Satz gut? Bei einigen wörtlichen Übersetzungen sind zwar die Formen korrekt wiedergegeben, dennoch muss der Satz noch einmal umgeformt werden. Das kommt zum Beispiel bei der Übersetzung eines Dativs mit *esse* vor (vergleiche Baustein 6). Vielleicht kannst du einen Satz schöner formulieren. Beachte dabei aber, dass du den Sinn nicht verändern darfst.
- Passt die Übersetzung in den Zusammenhang? Viele Vokabeln haben mehr als eine Bedeutung. Welche die passendste ist, entscheidest du aus dem Zusammenhang. In Kombination ändern manche Vokablen ihre Bedeutung.

Prüfe auch die gesamte Übersetzung noch einmal, wenn du den ganzen Text bearbeitet hast.

- Macht der ganze Text Sinn? Betrachte dazu auch noch einmal die Informationen, wie Texte oder Grafiken, die zum Übersetzungsstück gegeben sind.
- Bestimmte grammatische Phänomene kannst du nach der Übersetzung noch einmal überprüfen und gegebenenfalls verbessern.

Ein *imperfectum de conatu* (vergleiche Baustein 15) zum Beispiel ist oft erst aus dem Zusammenhang zu erkennen.

Lerne aus deinen Fehlern. Beinahe jeder hat einen Fehler, der ihm immer wieder passiert. Schau daher alte Klassenarbeiten und Hausaufgaben durch und schreibe auf, was falsch war. Wenn du dann später einen Text bearbeitest, achte besonders darauf, dass dir diese Fehler nicht unterlaufen.

Lösungen zu den Übungen und Musterübersetzungen zu den Texten

Lösungen Baustein 1

Übung 1:

- *dant*, *scribo*, *est*, *vocamus*, und *curritis* können Prädikate sein.
- *adiuvare* ist ein Infinitiv, kann also kein Prädikat sein.
- *imperator*, *magnus* und *dominum* sind Nomen; diese Wörter können kein Prädikat sein.

Übung 2:

vocas

Person:	2. Person
Numerus:	Singular
Tempus:	Präsens
Modus:	Indikativ
Genus verbi:	aktiv

Übung 3:

a) falscher Numerus: *laudant* ist 3. Person **Plural**; richtige Übersetzung: Sie loben.
b) falsche Person: *legit* ist **3**. Person Singular; richtige Übersetzung: Er / sie / es liest.

Übung 4:

a) *scribis*: 2. Person Singular Präsens Indikativ aktiv;
Du schreibst.
b) *non vocant*: 3. Person Plural Präsens Indikativ aktiv; verneint
Sie rufen nicht.

c) *audimus*: 1. Person Plural Präsens Indikativ aktiv
Wir hören.

d) *cantare potest*: 3. Person Singular Präsens Indikativ aktiv
Er / sie / es kann singen.

e) *cantare non potest*: 3. Person Singular Präsens Indikativ aktiv; verneint
Er / sie / es kann nicht singen.

Lösungen Baustein 2

Übung 5:

1) eindeutig Nominativ: *urbs*, *civitas*, *puer*, *Graecus*
2) Nominativ oder ein anderer Fall möglich: *discipuli*, *puellae*, *senatores*, *bellum*
3) eindeutig kein Nominativ: *pilas*, *Romanorum*

Übung 6:

a) ridet: *discipulus, Quintus, puella*
b) audiunt: *liberi, amici, amicae, senatores*
c) audimus: *nos*
d) audis: *tu*

Übung 7:

a) Philosophi
b) Avaritia
c) ancillae

Übung 8:

a) Ja, *gladiatores*
b) Nein, das Prädikat ist im Subjekt enthalten.
c) Ja, *turba*

Übung 9:

a) homo: *malus*, *bonus* (Nominativ Singular maskulin)
b) tempestatis: *novae*, *magnae* (Genitiv Singular feminin)
c) potestas: *periculosa* (Nominativ Singular feminin)

Übung 10:

a) Rex et regina
b) Leo saevus
c) uxor maesta desperataque
d) Aeneas et pater et filius

Übung 11:

Quintus lacht.
Tullia liest.
Die Schüler schweigen.
Die Senatoren streiten / diskutieren.
Der / Ein Junge schreibt.
Die Sklaven arbeiten.

Übung 12:

a) *Quintus visitat.*	Quintus besucht.
b) *Rex defendit.*	Der König verteidigt.
c) *Servus fidus apportat.*	Der treue Sklave bringt herbei.

Lösungen Baustein 3

Übung 13:

a) Marius schreibt (einen Brief, ein Wort, ein Buch, eine Geschichte, ...).
b) Der Baum wächst (kein Akkusativobjekt möglich).
c) Die Handwerker bauen (ein Haus, eine Brücke, eine Mauer, einen Turm, ...).

Übung 14:

a) Mögliche Akkusativobjekte sind: *senatores*, *amicas*, *bella*, *discipulos*.
b) Die Wörter *amicum* und *tabernam* stehen zwar auch im Akkusativ, allerdings stehen sie nach einer Präposition und können daher kein Akkusativobjekt sein.
c) Die übrigen Wörter stehen in einem anderen Kasus.

Übung 15:

a) *Senatores:* Plural
b) Kein Akkusativobjekt
c) Zwei Akkusativobjekte: *filios atque filias*: Plural und *linguam Latinam*: Singular
d) *victoriam gloriosam:* Singular
e) Kein Akkusativobjekt
f) *matrem*: Singular

Übung 16:

a) Ich sehe die Senatoren.
b) kein Akkusativobjekt
c) Die Mutter lehrt die Söhne und Töchter die lateinische Sprache.
d) Das römische Volk feiert den Sieg.

e) kein Akkusativobjekt
f) Die Kinder helfen der Mutter.

Übersetzungstext

Viele Gänse sind auf dem Kapitol, denn die Römer halten die Gänse für heilig. Die Nahrung beginnt den Menschen schon auszugehen, aber die Römer verspeisen die heiligen Gänse nicht. Eines Tages helfen die Gänse den Römern:

Es ist Nacht und die Gallier steigen das Kapitol hinauf. Der Anführer sagt: „Alle Römer schlafen. Jetzt können wir die Stadt erobern!" Die Römer bemerken die Feinde nicht, denn alle Männer, Frauen und Kinder schlafen. Auch die Hunde hören die Feinde nicht. Die Gänse jedoch sind wachsam und so retten sie die Stadt. Sie fangen an zu schnattern. Der Lärm weckt Manlius. Der tapfere Manlius ergreift sofort die Waffen, vertreibt einige Gallier und weckt die anderen Römer. Die Römer entkommen dem Tod und die Soldaten können die Stadt verteidigen. Schließlich feiern die Römer den Sieg und nennen Manlius einen Helden.

Lösungen Baustein 4

Übung 17:

außerhalb der Mauern – nach dem Essen – über die Brücken – in den Wald (hinein) – unter das Dach – um die Stadt herum – zu den Sternen

Übung 18:

a) Der Graben ist vier Fuß tief. (Wie tief?)
b) Der Athlet springt drei Fuß in die Höhe. (Wie hoch?)
c) Der Krieg dauert zehn Jahre. (Wie lang?)
d) Der Baum wächst zehn Fuß in die Höhe und drei Fuß in die Breite. (Wie hoch?; Wie breit?)

Übung 19:

a) Vor dem Essen schmückt die Sklavin den Esstisch.
b) Der Feldherr erobert die Stadt.
c) Der Herr schickt einen schnellen Boten zu seinem Freund.
d) Du siehst den alten Tempel nahe bei der Kurie.
e) Ich halte die Geschichte für die Wahrheit.
f) Oh, ihr Glücklichen!
g) Das römische Volk wählt Claudius zum Tribun. (*magna cum voce* unbeachtet lassen)
h) Die Mutter bereitet das Essen zu. (*cum ancillis* unbeachtet lassen)

Übersetzungstext

Es sind Zirkusspiele und viele Menschen kommen nach Rom. Ich jedoch gehe nicht in den Zirkus Maximus. Der Zirkus Maximus ist ein beeindruckendes Bauwerk: Er ist 2030 Fuß lang und 470 Fuß breit. Innerhalb des Zirkusses siehst du immer dasselbe Spektakel:

Prächtige Pferde ziehen Wagen, und Wagenlenker lenken die Pferde um die Spina herum.

Die Zuschauer bestaunen jedoch nicht die geschickten Wagenlenker oder die schnellen Pferde. Sie lieben nicht die Kunst, sie lieben das Trikot. Weh, dummer Jubel bei ernsthaften Menschen!

Viele Jahre lang bejubeln die Zuschauer einen Wagenlenker. Wenn dieser Wagenlenker jedoch das Trikot wechselt, verlassen die Zuschauer diesen Wagenlenker. Daher erfreut mich dieses Schauspiel nicht. Was für Zeiten, was für Sitten!

Lösungen Baustein 5

Übung 20:

1) eindeutig Dativ: *tempestati*
2) Dativ oder ein anderer Kasus möglich: *servis*, *ancillae*, *arboribus*, *Publio*
3) eindeutig kein Dativ: *bellum*, *filius*, *amici*, *senatores*

Übung 21:

a) *populo* (Singular)
b) *victis* (Plural)
c) kein Dativobjekt
d) *Amicis* (Plural)
e) *viris Romanis* (Plural)

Übung 22:

a) Die neuen Gesetze gefallen dem Volk.
b) Rechtschaffene Menschen verschonen die Besiegten.
c) Die Senatoren wählen Marcus zum Konsul.
d) Ich danke den Freunden.
e) Der griechische Kaufmann verkauft den römischen Männern gute Waren.

Übersetzungstext

Der König Tarquinius Superbus besucht die Priesterin Sibylle. Die alte Frau zeigt dem König neun Bücher. Sie fordert viel Geld, daher kauft Tarquinius die Bücher nicht. Dann verbrennt Sibylle drei Bücher und bietet die übrigen sechs Bücher erneut an. Tarquinius verneint wieder, denn Sibylle fordert erneut viel Geld. Sofort wirft die Priesterin wieder drei Bücher in die Flammen und bietet dem König die übrigen drei Bücher an. Schließlich gibt Tarquinius der Priesterin das zu Anfang geforderte Geld und die Frau verschont die übrigen drei Bücher.

Später übergibt Tarquinius die Bücher den Wächtern. Wenn der Stadt Rom Gefahren drohen, lesen die Wächter die Bücher. Die Orakelsprüche helfen den Bürgen und schmälern die Gefahren.

Lösungen Baustein 6

Übung 23:

- Dativ oder ein anderer Fall möglich: *familiae, patriis, amico, laboribus*
- eindeutig kein Dativ: *hostes, consulis, amicam, equus, vitas*

Übung 24:

a) Wir haben kein Geld. / Wir besitzen kein Geld.
b) Der Schäfer hat viele Schafe. / Dem Schäfer gehören viele Schafe.
c) Die Herrin besitzt kostbaren Schmuck. / Der Herrin gehört kostbarer Schmuck.

Übung 25:

a) Die Tugenden sind Sokrates zur Sorge. => Sokrates sorgt sich um die Tugenden. (*dativus finalis, dativus commodi*)
b) Der Richter glaubt dem Angeklagten nicht. (Dativobjekt)
c) Plinius hat / besitzt ein Landhaus. / Plinius gehört ein Landhaus. (*dativus possessivus*)
d) Der König überlässt seinem Sohn das Land. (Dativobjekt)
e) Die Römer bauen Tempel für die Götter. (*dativus commodi*)

Übersetzungstext

Schon 10 Jahre kämpfen die Griechen vor Troja, aber sie können die Stadt nicht erobern. Schließlich fasst der Grieche Odysseus einen Beschluss und überzeugt die anderen Griechen so: „Wir bauen ein Pferd aus Holz. Das Pferd bringt den Trojanern Verderben, uns jedoch bringt es den Sieg. Dreißig Männer können in das große Pferd hineinklettern.“ Die Griechen fangen sofort an zu arbeiten, denn Odysseus hat große Klugheit.

Sino sagt: „Ich bin euch nicht feindlich gesonnen. Die Griechen ziehen sich zurück. Das Pferd ist ein Geschenk für Minerva. Ihr könnt es nicht in die Stadt ziehen, denn es ist zu groß."

Die Trojaner glauben Sino die Worte, sie zerstören die Stadtmauern und ziehen das Pferd in die Stadt. Die nächste Nacht bringt Troja das Verderben. Die Männer verlassen das Pferd, Sino gibt den griechischen Soldaten vor der Stadt ein Zeichen. Die Griechen verschonen die Einwohner nicht, sondern töten die Menschen und zünden die Stadt an.

Lösungen Baustein 7

Übung 26:

a) *ut dicis*: komparativ (Vergleich)
b) *Quod homo probus est:* kausal (Grund)
c) *si agitator tunicam mutat*: konditional (Bedingung)

Übung 27:

a) Es ist, wie du sagst.
b) Weil er ein rechtschaffener Mensch ist, wählen die Bürger Secundus zum Tribun.
c) Die Zuschauer beklatschen den Wagenlenker nicht mehr, wenn der Wagenlenker das Trikot wechselt.

Übung 28:

a) Nebensatz 1 – Hauptsatz – Nebensatz 2:
Obwohl er keine Kinder hat, unterstützt Plinius die Schule, weil Bildung dem wohlhabenden Mann am Herzen liegt.
b) Subjekt von Hauptsatz und Nebensatz – Nebensatz – Hauptsatz:
Weil er Grieche ist, sagt Sino den Trojanern nicht die Wahrheit.
c) Subjekt von Hauptsatz und Nebensatz – Nebensatz – Hauptsatz:
Obwohl er krank ist, muss der Sklave arbeiten.

Übersetzungstext

Heute arbeitet der Frisör draußen, weil das Wetter gut ist. Der Frisör rasiert den Sklaven dort, wo viele Menschen sind. Einige gehen durch die Straßen spazieren, einige kaufen Waren, einige spielen sogar Ball.

Einige Jugendliche werfen den Ball, obwohl die Menschenmenge so groß ist. Den Frisör bemerken die Jugendlichen nicht. Plötzlich wirft ein Jugendlicher den Ball heftig und der Ball trifft den Frisör. Die unschuldige Hand stößt dem Sklaven das scharfe Messer in die Kehle. So tötet der Ball den Sklaven.

Der Herr des Sklaven bringt später die Jugendlichen und den Frisör vor Gericht, weil er zornig ist.

Lösungen Baustein 8

Übung 29:

a) Hauptsatz 1 – Hauptsatz 2
b) Hauptsatz 1 – Hauptsatz 2
c) Nebensatz – Hauptsatz 1 – Hauptsatz 2
d) Subjekt der Hauptsätze und des Nebensatzes – Nebensatz – Hauptsatz 1 – Hauptsatz 2

Übung 30:

a) Die einen singen, die anderen tanzen.
b) Manlius ergreift die Waffen und verteidigt die Stadt.
c) Wenn Gefahren drohen, geben die Priester einen Orakelspruch heraus, denn die Orakelsprüche helfen den Menschen.
d) Weil sie Beute tragen, sind die Diebe langsam und können daher den Wachen nicht entkommen.

Übung 31:

a) Der Redner, ein berühmter Mann, hält eine Rede, aber die Menge applaudiert nicht, denn sie glaubt die leeren Worte nicht.
b) Obwohl sie lange arbeiten, bringen die Sklaven heute weder Oliven noch Trauben zur Scheune.
c) Entweder du hilfst mir, oder wir können die Arbeit nie beenden.
d) Weil er nicht nur die Bäume fällt, sondern auch das Getreide zerstört, bringt der Sturm den Menschen Verderben.

Übersetzungstext

Weil Porsenna, ein etruskischer König, Rom belagert, beginnt den Römern das Getreide zu fehlen. Daher kommen Gesandte zu Porsenna: „Wir erbitten Frieden.“ Porsenna antwortet: „Ihr gebt mir Geiseln und ich ziehe meine Soldaten zurück.“ Dann geben die Römer einige junge Männer und junge Frauen als Geiseln. Auch Cloelia, eine junge Adlige, ist unter den Geiseln. Cloelia jedoch flieht nicht nur selbst aus dem Lager, sondern befreit auch noch andere Geiseln.

Dann bemerkt Porsenna die Flucht und fordert: „Entweder Cloelia kommt zurück oder ich breche den Frieden." Daher kehrt Cloelia aus eigenem Antrieb ins Lager zurück. Porsenna lobt den Mut und schickt die junge Frau nach Rom zurück. Dort stellen die Römer eine Reiterstatue für die Frau auf.

Lösungen Baustein 9

Übung 32:

a) Satzfrage (*nonne*)
b) Wort- bzw. Ergänzungsfrage (*cur*)
c) Wort- bzw. Ergänzungsfrage (*quando*)
d) Satzfrage (*-ne* bei *cognoscitisne*)

Übung 33:

a) Erkennst du mich etwa nicht?
b) Warum glaubst du mir nicht?
c) Wann besucht ihr den / euren Bruder?
d) Erkennt ihr Cicero, den berühmten Redner?

Übung 34:

a) Oh, ich Armer! Warum ist mein Schicksal so hart?
b) Cato fordert immer: „Zerstört Karthago oder Karthago zerstört uns!"
c) Sei gegrüßt, Sextus! Erkennst du etwa mich, deinen alten Freund, nicht?

Übersetzungstext

Vater und Sohn: Sei gegrüßt, Plinius!

Plinius: Seid gegrüßt, Freunde! (zum Jungen) Studierst du?

Junge: So ist es.

Plinius: Wo studierst du?

Junge: Ich studiere in Mailand.

Plinius: Warum besuchst du nicht hier die Schule? Warum verlässt du die Heimat?

Vater: Mein Sohn studiert in Mailand, weil wir hier keine Lehrer haben.

Plinius: (auch zu den in der Nähe stehenden Eltern) Ist das wahr? Ihr Eltern, warum sammelt ihr nicht Geld und stellt Lehrer an? Es ist leicht. Jetzt gebt ihr Geld aus für Wohnungen und für Reisegeld. Obwohl ich keine Kinder habe, gebe sogar ich gern den dritten Teil und unterstütze eine örtliche Schule. Wo nämlich können die Kinder angenehmer und besser lernen? Deshalb arbeitet zusammen, ihr Eltern! Sammelt Geld! Wählt gute Lehrer aus! Dann studieren eure Söhne gern hier.

Lösungen Baustein 10

Übung 35:

a) *Die festo; ablativus temporis;* Zeit; Wann?
b) *cum praeda; ablativus sociativus;* Begleitung; Mit was?
c) *voce clara; ablativus instrumenti;* Mittel / Werkzeug; Womit?
   foro Romano; ablativus loci; Ort; Wo?
d) *cum paucis commitibus fidis; ablativus sociativus;* Begleitung; Mit wem?
   navibus, ablativus instrumenti; Mittel / Werkzeug; Womit?
   oder: *ablativus modi*; Art und Weise; Wie?
e) *e Phrygia provincia; ablativus separativus;* Trennung; Woher?

Übung 36:

a) An einem Festtag (festlichen Tag) feiern die Römer, sie singen, sie sind fröhlich.
b) Die Sieger kehren mit Beute in das Vaterland zurück.
c) Der Dichter trägt mit heller Stimme Lieder auf dem Forum Romanum vor.
d) Mit Schiffen entflieht Aeneas Troja mit wenigen treuen Gefährten.
e) Der Sklave kommt aus der Provinz Phrygien.

Übung 37:

a) Der nächtliche Lärm hindert die Bürger am Schlaf.
b) Im Krieg entbehren viele arme Bürger die Nahrung.
c) Wer verabscheut nicht den Krieg?

Übersetzungstext

Aesop erzählt die Fabel von Rabe und Fuchs:

Ein Rabe findet ein Stück Käse und hebt es mit dem Schnabel auf. Er fliegt zu einem Baum und setzt sich auf einem hohen Zweig nieder. Dort sieht ein Fuchs den Raben mit dem Käse. Der Fuchs denkt bei sich: „Ich habe eine Mahlzeit nötig und Käse liebe ich sehr." Daher denkt er sich eine List aus. Er täuscht den Raben mit arglistigen Worten: „Du bist ein prachtvoller Vogel! Ist deine Stimme auch so schön? Singe und begeistere mich mit deiner Stimme!" Als der Rabe zu singen beginnt und den Schnabel öffnet, fällt der Käse aus seinem Schnabel. Der Fuchs fängt den Käse und frisst ihn auf. Er lacht mit lauter Stimme über den Raben.

Lösungen Baustein 11

Übung 38:

a) *ducis*, bezieht sich auf das **Subjekt** *fortitudo*
b) *militum*, bezieht sich auf das **Akkusativobjekt** *timorem*
c) *ducis*, bezieht sich auf die **adverbiale Bestimmung im Ablativ** *sine exemplo*
d) *belli*, bezieht sich auf das **Akkusativobjekt** *terrorem*

Übung 39:

a) Die Tapferkeit des Anführers bestärkt die ängstlichen Soldaten.
b) Der Anführer überwindet die Angst der Soldaten.
c) Ohne das Beispiel des Anführers kämpfen die Soldaten nicht.
d) Obwohl der Heerführer die Soldaten durch seine Tapferkeit unterstützt, kann er den Schrecken des Krieges nicht mindern.

Übung 40:

a) *gen. obiectivus*: die Hoffnung auf Rettung
(nicht möglich: *gen. subiectivus* / die Hoffnung der Rettung)
b) *gen. subiectivus*: der Hass des Bruders (= Der Bruder hasst.)
gen. obiectivus: der Hass auf den Bruder (= Jemand hasst den Bruder.)
c) *gen. obiectivus*: die Angst vor der großen Niederlage
(nicht möglich: *gen. subiectivus* / die Angst der großen Niederlage)
d) *gen. subiectivus*: der ruhmreiche Sieg der Soldaten (= Die Soldaten besiegen jemanden.)
gen. obiectivus: der ruhmreiche Sieg über die Soldaten (= Jemand besiegt die Soldaten.)
e) *gen. subiectivus*: die Liebe der schönen Helena (= Die schöne Helena liebt jemanden.)

gen. obiectivus: die Liebe zur schönen Helena (= Jemand liebt die schöne Helena.)

f) *gen. subiectivus*: die Sorge der neuen Nachbarn (= Die neuen Nachbarn machen sich Sorgen.)
gen. obiectivus: die Sorge um die neuen Nachbarn (= Jemand sorgt sich um die neuen Nachbarn.)

g) *gen. subiectivus*: die Angst der wilden Tiere (= Die wilden Tiere haben Angst.)
gen. obiectivus: die Angst vor den wilden Tieren (= Jemand hat Angst vor den wilden Tieren.)

Übersetzungstext

Nach dem Sieg über die Trojaner haben einige Griechen vor, in ihr Vaterland zurückzukehren. Odysseus bittet Aeolus, den Gott der Winde: „Aeolus! Unterstütze mich und meine Gefährten! Ich bitte dich, halte heftige Winde von unserer Flotte fern!"

Dann gibt Aeolus Odysseus einen schweren Schlauch: „Darin sind alle Winde des Erdkreises. Wenn du die Winde befreist, wühlen die Winde die Wellen des Meeres auf."

Die Flotte nähert sich schon der Küste des Vaterlandes, als die Gefährten fragen: „Was ist in dem Schlauch?" Einer antwortet: „Das Gold des trojanischen Königs ist in dem Schlauch!" Sofort zerstören die Gefährten den Schlauch.

Obwohl die Kraft der Wellen die Männer lange vom Vaterland fernhält, verlieren sie dennoch nie die Hoffnung auf Rettung.

Lösungen Baustein 12

Übung 41:

a) Der Genitiv *venationis* hat eine andere Funktion.
b) *anserum* ist ein Genitivattribut zu *clamor. (genitivus subiectivus)*
c) Der Genitiv *oratoris* hat eine andere Funktion.

Übung 42:

A und 2) Es ist Aufgabe der Lehrer, die Schüler zu unterrichten.

B und 4) Es ist Aufgabe eines Senators, den Staat zu verwalten.

C und 1) Es ist Aufgabe des Soldaten, das Vaterland gegen die Feinde zu verteidigen.

D und 3) Es ist Aufgabe der Bauern, Getreide zu säen und zu ernten.

Übung 43:

a) der lateinischen Sprache mächtig
b) voll Zorn
c) des Plans teilhaftig, besser: in den Plan eingeweiht

Übung 44:

a) Es ist die Aufgabe des Arztes, kranke Menschen zu heilen. (Genitiv + *esse*)
b) Caesar erobert einen Teil Galliens. (*genitivus partitivus*)
c) Die Römer feiern den Sieg über die Feinde und loben den siegreichen Feldherrn sehr. (*genitivus obiectivus*)
d) Die Liebe der schönen Helena ist der Grund für den Trojanischen Krieg. (*genitivus subiectivus*; *genitivus obiectivus*). Oder: Die Liebe zur schönen Helena ist der Grund für den Trojanischen Krieg. (*genitivus obiectivus*; *genitivus obiectivus*)

e) Es ist die Aufgabe der Sklaven, den ganzen Tag zu arbeiten. (Genitiv + *esse*)
f) Plinius kann nicht schlafen, denn seine Sorge um den kranken Freigelassenen ist groß. (*genitivus obiectivus*)

Übersetzungstext

Die Einwohner von Nemea sind nicht frei von Sorgen, denn ein wilder Löwe, ein Monster von großer Grausamkeit, tötet nicht nur die Viehherden, sondern auch die Menschen. Daher erbittet der König Eurysteus Hilfe von Herkules: „Es ist die Aufgabe eines tapferen Mannes, die Bestie zu töten. Beende den Schrecken und befreie uns von der Angst vor der Bestie!"

Weil er erfahren im Jagen ist, sucht Herkules den Löwen sofort im Wald.

Keiner der Pfeile kann in den Körper des Löwen eindringen. Plötzlich sieht die Bestie Herkules. Sie greift den Mann an. Herkules schlägt die Keule auf den Kopf des Löwen. Das Monster stürzt und bevor es sich erhebt, erwürgt Herkules die Bestie.

Herkules hat vor, das Fell abzulösen, aber welche seiner Waffen kann das Fell ablösen? Weil der Held das Fell weder mit dem Schwert noch mit einem Stein ablösen kann, muss er es mit den Klauen des Löwen tun.

Seitdem schmückt das Fell des Löwen den Körper von Herkules.

Lösungen Baustein 13

Übung 45:

- AcI möglich bei: *scimus, constat, scribo, audis, vident, dicit, narras*
- AcI nicht möglich bei: *aratis, saliunt, curro, pugnatis, properat*

Übung 46:

a) Nein, denn *debere* ist ein Modalverb, danach steht kein AcI (vergleiche Baustein 1).
b) Ja, übergeordnetes Verb ist *narrat*, Akkusativ ist *Romam*, Infinitiv ist *ardere.*
c) Ja, übergeordnetes Verb ist *gaudet*, Akkusativ ist *cenam*, Infinitiv ist *(bonam) esse.*

Übung 47:

a) Wir hören die Hunde des Nachbarn bellen. Oder: Wir hören, dass die Hunde des Nachbarn bellen.
b) Obwohl Kassandra die Wahrheit sagt, glauben die Trojaner nicht, dass die Stadt in großer Gefahr ist.
c) Warum forderst du immer, dass die Römer Karthago zerstören, Cato?

Übersetzungstext

Bürger! Ich lobe es, dass viele zusammenkommen, denn wir müssen die Republik verteidigen. Hört, dass der Senat Antonius, den früheren Konsul, als Feind bezeichnet! In der Tat!

Antonius plündert die Staatskasse, er zerstört die Eintracht der Bürger, er zerstört den Senat. Nicht einmal vor Mord schreckt Antonius zurück. Das Blut römischer Bürger befleckt die Hände des Antonius.

Sowohl Octavian als auch die Marslegion treten dem Feind entgegen. Unsere Vorfahren erzählen, dass der Gott Mars die Marslegion und die römischen Bürger immer unterstützt. Wie können wir am Willen der Götter zweifeln?

Der Senat sagt, dass Antonius ein Feind ist. Ich sage sogar, dass Antonius eine Bestie ist. Der Beifall zeigt, dass ihr damit übereinstimmt. Wir müssen die Republik verteidigen! Wir müssen Antonius bekämpfen!

Lösungen Baustein 14

Übung 48:

a) ferre: *tulisti, fero, ferimus*
b) esse: *sum, fuistis, es*
c) agere: *egimus, agis, egerunt*
d) posse: *potuit, possunt*

Übung 49:

laudavit:

Person:	3. Person
Numerus:	Singular
Tempus:	Perfekt
Modus:	Indikativ
Genus Verbi:	Aktiv

timui:

Person:	1. Person
Numerus:	Singular
Tempus:	Perfekt
Modus:	Indikativ
Genus Verbi:	Aktiv

Übung 50:

a) Person Plural Plusquamperfekt Indikativ Aktiv
b) Person Plural Perfekt Indikativ Aktiv
c) Person Plural Plusquamperfekt Indikativ Aktiv

Übung 51:

a) Manlius verteidigte die Stadt Rom. Zuvor hatten die Gänse Manlius aufgeweckt.
b) Ich besuche meinen Großvater oft.
c) Weil das Wetter gut war, arbeitete der Frisör an einem öffentlichen Ort.

Übersetzungstext

Weil Midas Silenus aus der Gefangenschaft freigelassen hatte, fragte der Gott Bacchus den König von Phrygien: „Ich danke dir. Was wünschst du (dir)?“ Midas: „Ich wünsche, dass meine Hände alles in Gold verwandeln.“ Sofort gewährte der Gott den Wunsch. Ein Stein verwandelte sich in Gold, weil Midas den Stein berührt hatte. Ein Baum verwandelte sich in Gold, weil Midas den Baum berührt hatte. Midas liebte seine neue Gabe sehr. Am Abend jedoch quälten Hunger und Durst den König. Midas ergriff einen Apfel, aber der Apfel verwandelte sich in Gold. Er ergriff eine Olive, aber auch die Olive verwandelte sich in Gold. Er erschrak sehr, daher erbat er vom Gott Bacchus: „Befreie mich von diesem schlechten Geschenk! Auf welche Weise kann ich dem Übel entfliehen?“ Dann antwortete der Gott und versprach Hilfe. Weil der König später im Wasser des Paktolus geschwommen war, nahm Bacchus das Geschenk zurück und rettete so das Leben des Königs.

Lösungen Baustein 15

Übung 52:

a) Plusquamperfekt, Infinitiv Präsens ist *convocare.*
b) Perfekt, Infinitiv Präsens ist *reddere.*
c) Imperfekt, Infinitiv Präsens ist *suadere.*
d) Präsens, Infinitiv Präsens ist *expectare.*

Übung 53:

aedifico

Person:	1. Person
Numerus:	Singular
Tempus:	Präsens
Modus:	Indikativ
Genus verbi:	Aktiv

sentiebant

Person:	3. Person
Numerus:	Plural
Tempus:	Imperfekt
Modus:	Indikativ
Genus verbi:	Aktiv

Übung 54:

a) Ich hielt dich immer für einen treuen Gefährten.
b) Obwohl der Hirte die Herde die ganze Nacht lang bewachte, tötete ein Wolf dennoch einige Schafe.
c) Schließlich zerstörten die Griechen Troja. Zuvor hatten sie zehn Jahre vor Troja gekämpft.

Übung 55:

a) Gestern hat es den ganzen Tag geregnet. (Dauer / durativer Aspekt)
b) Wir haben versucht, das Vaterland allein zu retten, aber wir brauchen Hilfe. (Versuch / *imperfectum de conatu*)
c) Wieder und wieder forderte Cato: „Zerstört Karthago!" (Wiederholung / iterativer Aspekt)

Übersetzungstext

Viele Tage bewachte der König Minos Dädalus und Ikarus auf der Insel Kreta. Dädalus fasste jedoch einen Plan zur Flucht. Daher sammelte er viele Federn. Schließlich baute er aus den Federn, Wachs und Holz Flügel und flog mit seinem Sohn in die Luft. Der Vater ermahnte den Sohn (immer wieder): „Unter uns fliegen die Pfeile unserer Feinde, über uns brennt die Sonne. Flieg in der Mitte!" Aber Ikarus hörte die Worte seines Vaters nicht, sondern flog mit großer Freude durch die Luft und rief: „Wie ein Vogel fliege ich bis zur Sonne!" Der Vater versuchte, den Sohn aufzuhalten. Aber weil die Sonne das Wachs schon geschmolzen und die Federn gelöst hatte, stürzte der arme Ikarus vom Himmel herab. Wieder und wieder rief der Vater Dädalus den Namen seines Sohnes. Ikarus jedoch starb in den Wellen des Meeres. Später verfluchte der Vater seine Erfindung oft, weil sie seinem Sohn nicht die Freiheit, sondern den Tod gebracht hatte.

Lösungen Baustein 16

Übung 56:

a) viam (Akkusativ Singular feminin):
angustam, angustissimam, angustiorem
b) nuntiorum (Genitiv Plural maskulin):
celeriorum, celerrimorum
c) equus (Nominativ Singular maskulin):
maior, magnus

Übung 57:

a) Der Weg ist zu gefährlich. Bleibe im Vaterland! (kein Vergleich)
b) Titus wohnt in einem größeren Haus als Tiberius. (Vergleich)
c) Das Haus von Julia ist größer als das Haus von Paula. (Vergleich)

Übung 58:

bärenstark, steinreich, strohdumm, pfeilschnell, staubtrocken, steinhart, zuckersüß

Übersetzungstext

Der Volksstamm der Sueben ist der größte und kriegerischste Volksstamm aller Germanen. Weil sie viele Dörfer haben, führen viele Soldaten Krieg. Einige Sueben bleiben jedoch zu Hause und bebauen die Äcker. So ist eine ausreichende Menge an Nahrung immer vollkommen sicher. Die Sueben essen kaum Getreide, sondern Milch und Vieh. Außerdem sind sie recht gute Jäger. Die kräftige Nahrung und die tägliche Kriegsübung bewirken große und äußerst kräftige Menschen. Obwohl die Gegend sehr kalt / eiskalt ist, bedeckt nichts außer Fellen die Körper der Sueben. Diese Felle sind kleiner als die Felle der anderen Volksstämme.

Die Sueben wünschen möglichst weite Einsamkeit um ihre Grenzen herum. Sie glauben nämlich, dass diese weite Einöde sehr ruhmreich ist. Fremde Volksstämme vertreiben sie daher immer mit feindlichen Handlungen aus ihren Feldern.

Lösungen Baustein 17

Übung 59:

a) *ruri*: Adverb (unveränderlich); *bene*: Adverb; *quieta*: Adjektiv
b) *altius*: Adverb
c) *altiores*: Adjektiv

Übung 60:

a) Der Junge schließt vorsichtig die Tür. (Adverb) – Der vorsichtige Junge schließt die Tür. (Adjektiv)
b) Der schöne Orpheus singt. (Adjektiv) – Orpheus singt schön. (Adverb)
c) Der tapfere Gladiator kämpft in der Arena. (Adjektiv) – Der Gladiator kämpft tapfer in der Arena. (Adverb)

Übung 61:

a) Auf dem Land schlafen die Bürger gut, denn die Nacht ist ruhig.
b) Ikarus flog mit großer Freude höher / zu hoch.
c) Die Berge der Alpen sind höher als der Berg Vesuv.

Übung 62:

a) Caesar behandelte die Besiegten sehr milde.
b) Der Junge lacht heftig, aber die Erwachsenen halten die Sache für traurig.
c) Wenn du möglichst langsam reist, kannst du die Berge, Felder und Wälder genau sehen.

Übersetzungstext

Ein redegewandter Mann ist auch gelehrt, er ist erfahren in der Philosophie, der Geschichte und dem Recht. Zuerst erkennt er den Stoff und sammelt äußerst sorgfältig Argumente. Dann ist es die Aufgabe des Redners, geeignete Worte auszuwählen und die Rede gut vorzubereiten. Wenn du dir die Worte wieder und wieder ins Gedächtnis eingeprägt hast, hältst du die Rede später sicherer. Am wichtigsten ist nämlich der Vortrag selbst. Es ist immer notwendig, korrekt zu sprechen, deutlich zu sprechen, angemessen zu sprechen. Beachte die Zuhörer und den Anlass der Rede. Sprich scharfsinnig und klug, wenn du einen Sachverhalt erklärst. Wenn du jedoch vorhast, die Zuhörer zu erfreuen, sprich heftiger und ausdrucksvoller. Die heftigste Rede hältst du, wenn du vorhast, die Menschen umzustimmen. Den Vortrag eines redegewandten Mannes hören die Zuhörer gern.

Lösungen Baustein 18

Übung 63:

- Futur 1: *curret, vocabunt, mittes, finies, facient, dicam*
- kein Futur 1: *ridemus, terret, gaudes*

Übung 64:

a) Er / sie / es wird sehen.
b) Ihr werdet singen.
c) Wir werden fangen.
d) Wir werden fangen können.

Übung 65:

a) Wenn du nicht gesät haben wirst, wirst du nicht ernten. / Wenn du nicht gesät hast, wirst du nicht ernten.
b) Dädalus zu seinem Sohn: „Morgen wird uns meine Erfindung befreit haben." / „Morgen hat uns meine Erfindung befreit."
c) Wenn du zweimal gelogen haben wirst, wird dir niemand (mehr) glauben. / Wenn du zweimal gelogen hast, wird dir niemand (mehr) glauben.

Übung 66:

a) Plinius wird gleich die Stadt verlassen, als er plötzlich einen Freund sieht.
b) Schweig oder deine Worte werden unser Geheimnis verraten!
c) Ich erwarte dich morgen. (Ich werde dich morgen erwarten.) Wir werden die bewundernswerten Bauwerke der Stadt besichtigen.
d) Wenn Midas den Fels berührt hat (haben wird), wird sich der Fels in Gold verwandeln.

Übersetzungstext

Seneca grüßt seinen Lucilius

Du schreibst, dass deine lange Reise deine Sorgen und deine Traurigkeit nicht vertreiben kann. Nun fragst du: „Warum?“ Ich jedenfalls stimme mit Sokrates überein; daher antworte ich dir und werde dir einen Rat geben:

Was nützt es, über die Meere zu segeln und die Städte zu wechseln? Du unternimmst keine Reise, du irrst umher und fliehst.

Der längste Weg wird einen Menschen nicht ändern. Du musst deine Einstellung ändern, nicht den Himmel! Selbst wenn du das Meer überquerst (überquert haben wirst), werden deine Fehler dir immer nachfolgen. Aus allen Städten wirst du fliehen. Wenn du jedoch die Last deines Geistes abgelegt hast (haben wirst), wird dir jeder Ortswechsel angenehm sein. Jeder Wohnsitz wird dir gastfreundlich sein. Du musst nicht anderswo sein, sondern jemand anderes!

Du hast deine Fehler noch nicht erkannt, aber du wirst sie gewiss gleich erkennen. Überdenke deine Handlungen, dann wirst du ein Heilmittel für deine Sorgen finden.

Lebe wohl!

Lösungen Baustein 19

Übung 67:

a) *desidero* (Präsens) ist gleichzeitig zu *gaudeo* (Präsens).
b) *appropinquaveris* (Futur 2) ist vorzeitig zu *videbis* (Futur 1).
c) *vicistis* (Perfekt) ist nachzeitig zu *pugnaveratis* (Plusquamperfekt).
d) *rogat* (Präsens) ist nachzeitig zu *responsit* (Perfekt).

Übung 68:

a) *dum* + *emit* (Präsens) ist gleichzeitig zu *habet* (Präsens).
b) *postquam* + *accusavimus* (Perfekt) ist vorzeitig zu *punivimus* (Perfekt).
c) *dum* + *desiderat* (Perfekt) ist gleichzeitig zu *lacrimavit* (Perfekt).
d) *audiverunt* (Perfekt) ist nachzeitig zu *postquam* + *clamaverunt* (Perfekt).

Übung 69:

a) Während die Sonne untergeht, bauen die Soldaten schnell das Lager auf.
b) Während es regnete, blieben auch die wilden Tiere in ihren Schlupfwinkeln.
c) Während Odysseus fort war, vermisste Penelope ihren Ehemann sehr.
d) Während er / sie sich nähert, behält er / sie den Feind immer im Auge.

Übung 70:

a) Porsenna: „Wenn Cloelia in das Lager zurückgekehrt sein wird (zurückkehrt), werde ich den Frieden einhalten."
b) Nachdem die Gänse Manlius geweckt hatten, konnten die Soldaten die Stadt retten.
c) Weil der Rabe den Schnabel geöffnet hatte, fiel der Käse zu Boden.
d) Nachdem die Eltern Geld gesammelt hatten, stellten sie Lehrer an.

Übersetzungstext

Nachdem Aeneas und seine Gefährten aus Troja geflohen waren, zerstörte ein Sturm einen Teil der Flotte. Während Venus, die Mutter des Aeneas, die Irrfahrt ihres Sohnes betrachtete, weinte sie. Daher suchte die Göttin Jupiter, den Göttervater, auf:

„Während Aeneas mit seinen Gefährten auf dem Meer umherirrt, quält auch mich ein ungeheurer Schmerz. Wie wird das Schicksal meines Aeneas sein?"

Jupiter antwortete: „Du wirst dich freuen, Tochter! Bald wird Aeneas den Weg beendet haben und dann wird er einen gewaltigen Krieg in Italia führen; er wird die wilden Völker zerschlagen und den Männern Sitten und Stadtmauern geben. Aeneas und seine Nachkommen werden viele Jahre lang in Italia herrschen. Ich gab ein Reich ohne Ende."

Lösungen Baustein 20

Übung 71:

a) Nachzeitigkeit, da *aperturum esse* ein Infinitiv Futur ist.
b) Gleichzeitigkeit, da *cantare* ein Infinitiv Präsens ist.
c) Vorzeitigkeit, da *aperuisse* ein Infinitiv Perfekt ist.
d) Gleichzeitigkeit, da *aperire* ein Infinitiv Präsens ist.
e) Gleichzeitigkeit, da *esse* ein Infinitiv Präsens ist.

Übung 72:

a) Der fremde Mann erzählt, dass Rom brennt.
b) Der fremde Mann erzählte, dass Rom brannte.
c) Der fremde Mann wird erzählen, dass Rom brennen wird.
d) Die jungen Männer sehen nicht, dass der Frisör den Sklaven mitten auf einem öffentlichen Platz rasiert.
e) Die jungen Männer sahen nicht, dass der Frisör den Sklaven mitten auf einem öffentlichen Platz rasierte.

Übung 73:

a) Der Fuchs weiß, dass der Rabe den Schnabel öffnen wird.
b) Wir hörten, dass der Rabe sang.
c) Die Kinder sahen, dass die Mutter die Tür geöffnet hatte.
d) Die Kinder sahen, dass die Mutter die Tür öffnete.
e) Lucullus freut sich, dass das Essen gut ist.

Übersetzungstext

Ihr wisst, dass Hannibal heftig gegen die Römer kämpfte. Er war der Sohn Hamilkars, des Feldherrn der Karthager. Als Hannibal ein Junge von neun Jahren war, hatte sein Hass auf die Römer schon begonnen.

Titus Livius erzählt diese Geschichte über die Kindheit des zukünftigen Feldherrn:

Nachdem Hannibal gehört hatte, dass das Heer seines Vaters nach Hispania aufbrechen werde, sagte er: „Ich werde das Heer begleiten!“ Der Vater antwortete: „Ich erlaube es, aber ich stelle eine Bedingung. Ich wünsche, dass du mir die Treue versprichst.“ Dann sahen die Soldaten, dass Hamilkar seinen Sohn an den Altar heranführte. Der Vater befahl, dass Hannibal diese Worte sprach: „Ich schwöre, dass ich immer ein Feind des Römischen Reiches sein werde.“

Hannibal hat dies geschworen; er hat seinen Schwur niemals gebrochen.

Glossar: Wichtige Fachbegriffe erklärt

Ablativ: Der Ablativ ist der 5. Fall im Lateinischen. Er antwortet auf verschiedene Fragen, zum Beispiel „Womit?“, „Wodurch?“.

AcI: AcI steht für ‚Akkusativ mit Infinitiv‘. Der AcI ist eine satzwertige Konstruktion und wird im Deutschen meist mit einem dass-Satz wiedergegeben.

Adjektiv: Ein Adjektiv ist ein Eigenschaftswort. Es gibt an, wie jemand oder etwas ist.

Adverb: Ein Adverb liefert Informationen zu einem Verb. Es gibt an, wie / auf welche Weise etwas passiert.

Akkusativ: Der Akkusativ ist der 4. Fall im Deutschen und im Lateinischen. Er antwortet auf die Frage „Wen oder Was?“.

Aktiv: Aktiv ist eine der *genera verbi*. Aktiv ist die Tatform eines Verbes, jemand handelt selbst. Das Gegenteil ist das Passiv.

Attribut: Mit einem Attribut wird ein Substantiv näher beschrieben. Es gibt adjektivische Attribute und Genitivattribute.

Dativ: Der Dativ ist der 3. Fall im Deutschen und im Lateinischen. Er antwortet auf die Frage „Wem oder Was?“.

Deklinieren: Substantive und Adjektive werden dekliniert, also in die verschiedenen Fälle gesetzt, zum

Beispiel das Wort, des Wortes, dem Wort, das Wort, durch das Wort.

Finite Verbform: Eine finite Verbform ist eine konjugierte Verbform. Das Gegenteil sind infinite, also unbestimmte Verbformen. Infinitive und Partizipien sind keine finiten Verbformen.

Genitiv: Der Genitiv ist der 2. Fall im Deutschen und im Lateinischen. Er antwortet auf die Frage „Wessen?“.

Genus: Das Genus ist das grammatische Geschlecht. Es gibt die drei Genera maskulin, feminin und neutrum. Das Genus eines lateinischen Wortes muss nicht zwingend mit dem Genus der deutschen Übersetzung übereinstimmen.

Genus Verbi: Am Genus Verbi erkennt man, ob eine Handlung aktiv oder passiv ist.

Infinitiv: Der Infinitiv ist die Grundform des Verbes.

Intransitiv: Intransitive Verben können kein Akkusativobjekt haben.

Kasus: Kasus ist der Fachbegriff für den Fall eines Substantivs oder Adjektivs. Im Deutschen gibt es vier Fälle: Nominativ, Genitiv, Dativ und Akkusativ. Im Lateinischen kommt außerdem noch der Ablativ vor. Für die Anrede gibt es den Vokativ und Ortsangaben können durch den Lokativ erfolgen.

Konjugieren: Verben werden konjugiert, also gebeugt. Dabei werden die Verben in die verschiedenen Personen gesetzt: Ich gehe, du gehst, er / sie / es geht, usw.

KNG-Kongruenz: Stimmt ein Wort mit seinem Beziehungswort in Kasus, Numerus und Genus überein, dann liegt KNG-Kongruenz vor.

Neutrum: Neutrum ist ein Genus, also eines der drei grammatischen Geschlechter. Es ist das sächliche Geschlecht.

Nomen: Nomen ist der Oberbegriff für alle Wortarten, die dekliniert werden, also für Substantive, Adjektive, Pronomen und Artikel.

Nominativ: Der Nominativ ist der 1. Fall im Deutschen und im Lateinischen. Er antwortet auf die Frage „Wer oder Was?". Ein Subjekt muss immer im Nominativ stehen.

Numerus: Der Numerus ist die Zahl, sowohl bei Nomen als auch beim Verb. Man unterscheidet (Einzahl) und Plural (Mehrzahl).

Maskulin: Das Maskulinum ist ein Genus, also eines der drei grammatischen Geschlechter. Es ist das männliche Geschlecht.

Passiv: Passiv ist eine der Genera Verbi. Passiv ist die Leideform des Verbs. Jemand erleidet eine Handlung. Er handelt nicht selbst, sondern etwas geschieht mit ihm.

Person: Bei finiten Verben kann man die Person bestimmen. Die Person gibt an, wer etwas tut oder eine Handlung erleidet. Man unterscheidet die 1. Person (ich / wir), die 2. Person (du / ihr) und die 3. Person (er, sie, es / sie).

Plural: Plural ist der Fachbegriff für Mehrzahl. Plural gibt es sowohl bei finiten Verbformen als auch bei Nomen.

Prädikat: Das Prädikat gibt die Satzaussage an. Das Prädikat eines Satzes muss immer eine finite Verbform sein.

Präposition: Präpositionen sind Verhältniswörter. Zu den Präpositionen gehören zum Beispiel die Wörter auf, unter, gegen, um.

Pronomen: Pronomen sind Fürwörter, die anstelle eines Nomens stehen.

Satzwertige Konstruktion: Eine satzwertige Konstruktion ist im Lateinischen kein Satz, da kein Prädikat enthalten ist. Im Deutschen kann oder muss eine satzwertige Konstruktion jedoch mit einem vollständigen Satz wiedergegeben werden.

Semantische Funktion: Die semantische Funktion ist die Bedeutungsrichtung. Es gibt die semantischen Funktionen temporal (zeitlich), kausal (Grund), konzessiv (Gegengrund) und modal (Art und Weise).

Singular: Singular ist der Fachbegriff für Einzahl. Singular gibt es sowohl bei finiten Verbformen als auch bei Nomen.

Sinnrichtung: Sinnrichtung ist ein anderer Begriff für die semantische Funktion.

Subjekt: Das Subjekt gibt den Satzgegenstand an. Es sagt aus, wer handelt oder eine Handlung erleidet. Das Subjekt eines Satzes steht immer im Nominativ.

Substantiv: Ein Substantiv ist ein Hauptwort.

Tempus: Tempus ist der Fachbegriff für die Zeit.

Transitiv: Verben, die ein Akkusativobjekt haben können, sind transitive Verben.

Verb: Ein Verb ist ein Tuwort. Es gibt eine Tätigkeit oder einen Zustand an.

Vokativ: Der Vokativ ist die Anredeform. Im Lateinischen wird zur Anrede nicht einfach der Nominativ verwendet, sondern diese besondere Form, die nicht immer mit dem Nominativ übereinstimmt.

Unser Buchbonus – Das digitale Extra zur Printausgabe.

Ab jetzt werden unsere Bücher flexibel. Im Buchbonus finden neugierige Leser noch mehr und aktualisierte Inhalte zum Buch: neue Kapitel, Literaturlisten, Tabellen, Bilder, Videos, Audiodateien und anderes. Damit das Buch nicht zu Ende ist, wenn Sie es aus der Hand legen.

Sie können den Bonuscode mit Ihrem Smartphone einlesen oder den Code direkt eingeben.
http://www.book-on-demand.de/autoren/buchbonus

EdQMJvoJOI

ISBN: 978-3-86460-272-6